身近な人が元気なうちに話しておきたい

お金のこと 介護のこと

井戸美枝

東洋経済新報社

はじめに

　終活。

　この言葉から、どんなことを思い浮かべますか？

　40〜50代の方では親世代に必要なこと、60代以降の方なら自身に必要なことと思われるかもしれません。

　私は、16年前に父を、昨年に母を見送りました。

　社会保険労務士、ファイナンシャルプランナーという仕事をしているため、一般の方よりは介護保険や死亡後の手続き、相続などについて知識があると思いますが、それでも「ああしておけばよかった」と思うことは少なくありません。

　体調の変化にもっと早く気付いてあげていれば悪化のスピードを緩めることができたかもしれない。

　行きたいところ、会いたい人もあっただろう。

　大切にしていたものを分けたい人がいたかもしれない。

　胸がチクリと痛むのです。

　反対に、「しておいてよかった」と思うこともあります。

　介護保険はスムーズに利用できました。

　取り引きする金融機関を整理しておいたことで相続の手続きにも困りませんでしたし、詐欺被害に遭って悲しませたりすることも避

けられました。

　親や、親類、知人などの身近な人が体調を崩したり、心身の機能が衰えたりするのは辛いものです。気持ちが塞ぐことに加えて諸手続きに翻弄されると次第に余裕がなくなり、相手はそれを敏感に感じ取る……。想いがあるゆえに互いが疲弊し、傷つくのは切ないことです。

　力が衰えていくのは悲しいけれど仕方のないこと。だからこそ、どんなことが起きるか、そのときどうすればいいかを知り、準備できることはしておくことが大切です。

　準備ができていれば、その分ゆとりができ、その人のためにも、自身のためにも、利点が多いものです。

　私は50歳の頃から「私なりの終活」をしています。

　そういってしまうと大げさですが、いつ病気になっても恥ずかしくないように肌着に気を遣う、買い物が大好きだけれどモノを増やさない、通帳や保険証券などはきちんと整理しておくなど、ごくごく簡単なことです。

　葬儀は家族葬がいい、お仕事関係の人には落ち着いてからお知らせし、供花などは辞退するといったことも決め、家族に伝えてあります。遺影に使ってもらえるように気に入った写真を家族に伝えてありますし、近いうちに骨壺も選んでおこうと思います（ファッショナブルで、個性的なものを希望しています）。

　「家族が困らないようにしておきたい」というのが大きな目的ですが、もうひとつの私の願いは、家族が私を思い出してくれるとき「母らしい」と感じたり、「こんなこと、どうでもいいのに」など、

くすっと笑ったりしてほしいということです。

悲しくなってほしくないのです。

だから私の終活は「ハッピー終活」です。

私が「ハッピー終活」をはじめたとき、母はまだ存命でした。

そのため、私は自身の終活をしながら母の終活も同時に進めていました（母には直接的には話しませんでしたが）。

40代、50代、60代の方なら、親世代の体調などが気になる時期ですが、同時に自身の終活も考えてみてください。親世代の終活は親のため、自身のためであるように、自身の終活は自身のため、子世代のためになります。

「親や配偶者、兄弟、親族など、身近な人が元気なうちに、お金のこと、介護について聞いておく」

「自身が元気なうちに、子どもや配偶者、兄弟、親族などの身近な人に、お金のこと、介護のことを話しておく」

それは介護される側、見送られる側のためであると同時に、介護する側、見送る側のためでもあるのです。

本書では亡くなる前にしておきたいこと、亡くなったあとに必要な手続きについてまとめました。親を想定した書き方になっていますが、おじ、おばなどの親族、同世代の兄弟、配偶者、子どもについても同じことがいえますので、置き換えてお読みください。

手続きについては、私自身が実際に「どうすれば効率的に手続きできるか」を考え、実践した方法もご紹介しています。

こういうことは介護や看護が必要になったり、訃報に接したりし

はじめに　3

てからでないと、なかなか行動に移すのは難しいものです。しかし元気なうちにしておくことで、大きな利点があります。手続きがスムーズに進むというのはもちろんですが、何より、旅立つ人、見送る人の双方が安らかでいられるからです。

そのことをリアルに身近に感じていただきたいという思いから、私自身の体験、知人のエピソードもふんだんに盛り込みました。体調が変化していくとどんなことが起きるのか、どんな困りごとが生じてどんな解決法があるのか。なぜ元気なうちにしておくべきなのか。

その理由がよくわかっていただけるでしょう。

ご両親やご夫婦、お子さんなど、大切な人、身近な人と一緒に読んでいただければなお、嬉しく思います。

目次

身近な人が元気なうちに
話しておきたい
お金のこと 介護のこと

はじめに／1

第1章 親が弱ってきたら家族の生活を守るためにすること／11

事例 二世帯住宅で自立して暮らしていたはずの母が認知症に／13

1 親の体調の変化を早めに察知する／15

2 介護保険を申請、利用する／21

3 介護にかかるお金を把握する／33

4 介護の態勢を整える／37

5 お金の負担が軽減される制度を知っておく／40

第2章 お金のこと、いますぐ確認しておくべきこと／49

事例 あらゆる引き出しに書類の山が……複数の保険証券も発見／50

1 資産を把握する／52

2 投資や保険について確認をする／55

3 借金の有無について確認をする／61

コラム　気になるシニアの暮らし①
病院に行く頻度と1カ月のお小遣い／62

第3章 お金以外に聞いておきたいこと
—— エンディングノートをつくる／63

事例 叶わなかった幼なじみとの再会／65

1. エンディングノートをつくっておく／67
2. エンディングノート必須項目〈その1〉「病気になったらどうするか」／70
3. エンディングノート必須項目〈その2〉「葬儀のために準備していることや希望はあるか」／72
4. エンディングノート必須項目〈その3〉「ペットや遺品はどうするか」／79
5. 資産に関することをメモしておく／82

付録1 〈エンディングノート〉「身近な人が元気なうちに聞いておきたいこと」リスト／85

第4章 相続でもめない、苦しまないために知っておきたいこと、できること／89

事例 母の相続への想いを尊重する遺言書／90

1. 相続の基礎の基礎を知る／92
2. 相続税に苦しまないためにいまできることをする／99

コラム 受け取る人にも配慮して保険を上手に利用する
——「生命保険信託」／106

第5章 亡くなった直後にしなければならないこと
～臨終から葬儀、四十九日法要まで～／109

事例 近親者の他界に傷つく高齢者を孤独にさせないために／110

1 葬儀の準備、各種書類の提出をする／112

2 お通夜、葬儀、告別式をする／122

コラム 気になるシニアの暮らし②
お金についての相談相手と生活設計／128

第6章 少し落ち着いたら確実にしておかなくてはいけないこと
～社会保険や公共料金などの諸手続き～／129

事例 予想以上に大変だった手続き／131

1 役所などの手続きは、書類の準備を整えてから／132

2 住民票や戸籍に関する手続きを進める／135

3 健康保険の手続きと
もらえるお金について把握する／142

4 年金の受け取り、遺族年金の相談をする／149

5 ▍確定申告で納税や還付を受ける／159

6 ▍公共料金やクレジットカードの手続きをする／163

第7章 相続の仕方、相続税申告の段取り
〜早く、正確に動いて10カ月以内に申告〜／167

事例 相続税がかからないと勘違い！あやうくペナルティの対象に／169

1 ▍相続開始から10カ月以内に申告・納付する／171

2 ▍相続する人を確定させる／173

3 ▍財産を調査する／177

4 ▍どう分けるかを話し合う／186

5 ▍相続税の申告・納付をする／192

6 ▍申告・納付のあと──申告漏れには素早く対応を／200

付録2 「身近な人が亡くなった後の手続き」チェックリスト／203

あとがきにかえて──むすこにたくす──／213

第 1 章

親が弱ってきたら
家族の生活を守るために
すること

年齢を重ねれば体調を崩したり、日常生活に不便が生じたりするのは自然なこと。早め早めに体調の変化に気づくことができれば、幸せな時間を長く持つことにも繋がりますし、介護が必要になった時にも慌てず、よりよい態勢を整えやすくなります。親のために、子のために、介護について知っておきましょう。

この章のポイント

1 親の体調の変化を
早めに察知する

2 介護保険を申請、利用する

3 介護にかかるお金を把握する

4 介護の態勢を整える

5 お金の負担が軽減される
制度を知っておく

事例

二世帯住宅で自立して暮らしていたはずの母が認知症に

　共働きの香苗さん（55歳・仮名）は夫（55歳）と長男（30歳）の3人家族。二世帯住宅の2階に香苗さん一家、1階に実の母（80歳）が1人で暮らしていました。母は血圧が少し高めなほかは体調に問題なし。共働きで忙しい香苗さん一家に頼らず、炊事から洗濯、掃除までを自身でこなして暮らしていました。

　母の異変に最初に気づいたのは、週に1度、祖母と食事をともにしていた香苗さんの長男です。「時々、ぼんやりしたり、意味不明なことをいったりする」というのです。

　香苗さんは驚き、母の部屋を訪ねる回数を増やしましたが、部屋も片付いているし、会話もしっかりしており、いつもの母と変わらないように見えました。しかししばらくすると、母の部屋はいつも炊き立てのご飯の匂いがするようになりました。それまでは朝、ご飯を多めに炊き、それを温めて昼、夜の食事をしていたのに、一日に4度も5度もご飯を炊くようになっていたのです。

　母は血圧の薬をもらいに「かかりつけ医」に通院していたので、香苗さんも同行して主治医に相談することにしました。「母は嫌がりましたが、私自身の体調が悪いから先生を紹介してと頼み、同行しました」と、香苗さん。問診を受けたあと、総合病院への紹介状をもらって検査を進めた結果、母は「レビー小体型認知症*」であることがわかりました。

　投薬治療をすることになり、香苗さんも母の部屋を訪ねる機会を増やして家事を手伝ったり、買い物に同行したりするようにしました。すると、日用品を使いきれないほどストックしている、衣類の整理ができていない、血圧の薬も飲み残しが多い、日に何度も食事しようとするなど、多

第1章／親が弱ってきたら家族の生活を守るためにすること　13

くの異変に気づきました。「日中、母が過ごしているリビングはきちんと整理され、掃除もされていたので、身の回りのことができなくなっているとは想像していませんでした。私たちが気づかないうちに、少しずつ、少しずつ、認知症が進んでいたのだと思います。近くにいるからこそ、変化に気づけなかったような気がします」

　介護保険も申請して介護保険サービスも利用しましたが、症状は次第に進行。離れて住む兄弟とも相談し、母は介護付き有料老人ホームに入居しました。

＊アルツハイマー型認知症に次いで多い認知症。初期に幻覚や妄想がでる。進行すると物忘れなどの認知症の症状が現れ、体が硬くなる、動作が遅くなる、小またで歩くなどの運動障害がでる。高齢者は数年もすると寝たきりになることも多い。

1 | 親の体調の変化を早めに察知する

長生き＝健康とは限らない

　日本は世界有数の長寿国です。しかし年齢を重ねれば体力が落ちたり、健康を損ねたりして、介護が必要になることもあります。

　平均寿命は命の長さを表すのに対し、**心身ともに自立し、健康的に生活できる期間、日常生活に制限のない期間を「健康寿命」といいます**。厚生労働省の2013年の調査によると、男性は平均寿命が80.21歳なのに対し、健康寿命は71.19歳。女性は平均寿命86.61歳、健康寿命74.21歳です（図1-1）。平均寿命と健康寿命との差は日常生活に制限がある期間であり、**男性では約9年、女性では約12年は健康を損ねている**、ということになります。

　近年では親の介護・看護のために離職・転職する人も増え、1年間で10万人以上に及ぶなど、子世代の生活にも大きな影響が生じています。

　高齢になれば健康を損ねるのはある程度仕方がないことですが、親にとっても健康で長生きがいちばんハッピーですし、子にとっても親が元気でいてくれるに越したことはありません。できれば**早めに不調を察知し、症状の進行を遅らせるのが望ましい**といえます。一般的な病気もそうですし、認知症も投薬などで進行を遅らせることができます。まずは「気づくこと」が大事なのです。

　とはいえ、**気づくのも簡単ではありません。**

　同居している場合は、毎日会っているだけに少しずつ弱っている

図1-1：平均寿命と健康寿命の推移

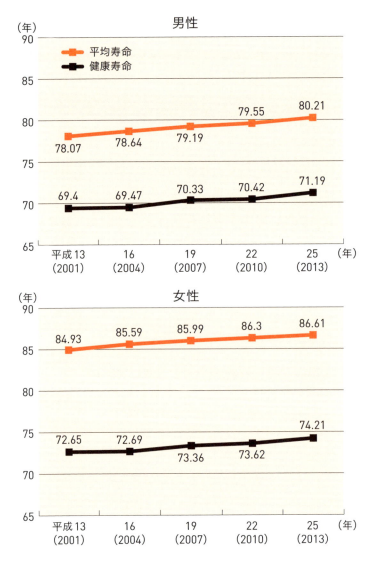

資料：平均寿命：平成13・16・19・25年は、厚生労働省「簡易生命表」、平成22年は「完全生命表」
　　　健康寿命：平成13・16・19・22年は、厚生労働科学研究費補助金「健康寿命における将来予測と生活習
　　　　　　　慣病対策の費用対効果に関する研究」平成25年は厚生労働省が「国民生活基礎調査」を基に
　　　　　　　算出
出所：内閣府『平成27年度高齢社会白書（全体版・PDF形式）』

ことに気づきにくいという側面もあります。

　親は子どもに心配をかけまいと思っていますから、なかなか弱音を吐きませんし、たまに帰省したときには精神的に高揚することもあってキチンとした姿をみせがちです。離れて暮らしていると暮らしぶりをつぶさに確認することはできませんし、電話で「きちんと食事している？」と聞いて、「しているよ」と答えられれば信じるしかありません。

　年寄り扱いするのはよくありませんが、**「体調を崩したり、体力が低下したりしても不思議ではない」という意識で、注意深く見守ることが重要**です。同居していない場合は、帰省した際に起床から就寝まで寄り添って行動を見守るといいですし、一泊旅行に出かけるのもいい方法です。一日中一緒にいると、着がえに手間取っている、荷物の整理ができない、食欲がない、眠れていないなど、ちょっとした異変にも気づくことができます。

こんな点をチェックしてみる

　次ページの図1-2は、厚生労働省が介護予防のための事業の一環として作成したチェックリストで、該当する項目（0/1の "1" の数）が多いほど要介護状態等になるおそれが高い状態、ということになります。親の性格などに応じて直接聞いてもいいですし、遠回しに質問するのもいいですが、**若さが失われていることを認めたくないという心理から正直に答えてくれない可能性もある**ので、子の視点で観察することも大切です。人によっては、「近所の人から父の様子がなんとなくおかしいといわれて認知症に気づいた」といったケースもあり、**複数の「目」で見守ることができれば安心**です。

第１章／親が弱ってきたら家族の生活を守るためにすること　17

図1-2：要介護状態を予防するための基本チェックリスト

No.	質問項目	回答 （いずれかに○を お付け下さい）	
1	バスや電車で1人で外出していますか	0. はい	1. いいえ
2	日用品の買物をしていますか	0. はい	1. いいえ
3	預貯金の出し入れをしていますか	0. はい	1. いいえ
4	友人の家を訪ねていますか	0. はい	1. いいえ
5	家族や友人の相談にのっていますか	0. はい	1. いいえ
6	階段を手すりや壁をつたわらずに昇っていますか	0. はい	1. いいえ
7	椅子に座った状態から何もつかまらずに立ち上がっていますか	0. はい	1. いいえ
8	15分位続けて歩いていますか	0. はい	1. いいえ
9	この1年間に転んだことがありますか	1. はい	0. いいえ
10	転倒に対する不安は大きいですか	1. はい	0. いいえ
11	6カ月間で2～3kg以上の体重減少がありましたか	1. はい	0. いいえ
12	身長　　　　cm　　体重　　　　kg（BMI＝　　　）(注)		
13	半年前に比べて固いものが食べにくくなりましたか	1. はい	0. いいえ
14	お茶や汁物等でむせることがありますか	1. はい	0. いいえ
15	口の渇きが気になりますか	1. はい	0. いいえ
16	週に1回以上は外出していますか	0. はい	1. いいえ
17	昨年と比べて外出の回数が減っていますか	1. はい	0. いいえ
18	周りの人から「いつも同じことを聞く」などの物忘れがあると言われますか	1. はい	0. いいえ
19	自分で電話番号を調べて、電話をかけることをしていますか	0. はい	1. いいえ
20	今日が何月何日かわからない時がありますか	1. はい	0. いいえ
21	（ここ2週間）毎日の生活に充実感がない	1. はい	0. いいえ
22	（ここ2週間）これまで楽しんでやれていたことが楽しめなくなった	1. はい	0. いいえ
23	（ここ2週間）以前は楽にできていたことが今ではおっくうに感じられる	1. はい	0. いいえ
24	（ここ2週間）自分が役に立つ人間だと思えない	1. はい	0. いいえ
25	（ここ2週間）わけもなく疲れたような感じがする	1. はい	0. いいえ

（注）BMI（＝体重（kg）÷身長（m）÷身長（m））が18.5未満の場合に該当とする。

基本チェックリストにおいて、次の①〜④までのいずれかに該当する者を、要介護状態等となるおそれの高い状態にあると認められる者として、二次予防事業の対象者とする。

①No.1〜20までの項目のうち10項目以上に該当する者
②No.6〜10までの5項目のうち3項目以上に該当する者
③No.11及び12の2項目すべてに該当する者
④No.13〜15までの3項目のうち2項目以上に該当する者

また、要介護認定において、非該当と判定された者については、基本チェックリストを実施しなくても二次予防事業の対象者とする。

出所:「地域支援事業実施要綱」平成22年8月6日厚生労働省老健局長通知(地域支援事業の実施について)より抜粋

高齢者に限らず、「ある日、急に体調を崩す」ケースばかりではなく、ゆっくりとしたスピードで老化や病気が進むというほうが多いでしょう。たとえば転倒は突然おきるように思えますが、足腰はその日急に悪くなったのではなく、少しずつ弱ってきていて、何かの拍子に転倒してしまうのです。

またある人の例では、腰が痛くて歩いたり、衣類を脱ぎ着したりするのが辛くなり、トイレに行かなくて済むように水分を摂らなくなって熱中症で倒れたなど、**ひとつの症状から別のアクシデントにつながる**こともあります。

早めにかかりつけ医に相談する

もしも体調などに気になることがあれば、早めに医療機関を受診します。

はじめは「かかりつけ医」にかかればよく、必要に応じて紹介状をもらい、総合病院などを受診します(症状が軽い人が特定機能病院など

第1章／親が弱ってきたら家族の生活を守るためにすること　19

を受診するのを抑制するため、緊急時・やむを得ない場合を除き、大きな病院を紹介状なしで受診すると5,000円前後の初診料がかかります）。

正確に症状を伝えたり、医師の話を理解したりするのが難しそうなら、子も付き添うのが理想です。毎回は難しくても、特定の症状について最初に診察を受ける際や検査の結果を聞く際は付き添いたいものです。

兄弟がいるなら、1人に負担が集中しないよう、連絡をとり合って協力しましょう。私は姉や従妹などとスマートフォンのLINEグループをつくっており、重要なこと、協力してほしいことがあればみながそこに報告をあげるようにしています。複数の人に連絡をとったり、時間を気にしたりせず、手軽に情報共有できて便利です。

2 介護保険を申請、利用する

要介護認定の申請をして状態を正しく伝える

　介護や支援が必要になったり、必要だと感じたりしたら、「介護保険」の申請をしましょう。

　介護保険は介護の負担を社会全体で分担するという考え方で2000年にスタート。40歳以上の人が加入し、40〜64歳までは健康保険料と一緒に、65歳からは原則、年金から天引きする形で保険料を支払っています。

　サービスを利用できるのは65歳以上で介護や支援が必要になった人ですが、40〜64歳でも認知症や脳血管疾患など、加齢による一定の病気で要介護になった場合に利用できます。

　介護保険のサービスを利用するには、「要介護認定」を受ける必要があり、図1-3のような流れになります。

　まずは「地域包括支援センター」に要介護認定の申請を行います。地域包括支援センターは市区町村ごとに設置されており、親の住所地にある自治体に確認します。申請には本人の被保険者証と印鑑が必要で、申請書は本人や家族が記入するか、支援センターで記入してもらうこともできます。

　申請後、日程を調整したうえで市区町村の調査員による自宅での訪問調査を受けます。本人が入院中なら病院に来てもらうこともできます。訪問調査は介護がどの程度必要かを判断するため、身体などの状態や生活状況を確認するものです。寝返りができるか、食べ

第1章／親が弱ってきたら家族の生活を守るためにすること　21

図1-3：要介護認定の申請の流れ

1 要介護認定の申請

支援や介護が必要になったら、自宅のある市区町村の介護保険課窓口に申請する
◎申請書類＝「要介護・要支援認定申請書」・「介護保険被保険者証」・40～64歳までの人（第2号被保険者）が申請を行う場合は「医療保険証」が必要。市区町村からの依頼で、かかりつけ医は「主治医意見書」を作成して提出する

2 認定調査のため調査員が訪問

介護書類を提出すると市区町村から委託された調査員（介護支援専門員）が調査票を持って、自宅や入院先の病院、施設等を訪問し、本人や家族の聞き取り調査を行う

3 要介護状態区分を判定

【一次判定】調査票は全国共通の認定ソフトによりコンピューターで一次判定（全国一律基準）される
【二次判定】一次判定の結果と主治医意見書と訪問調査の特記事項を基に介護認定審査会で審議する

4 認定結果が通知される

審査、判定の結果、「非該当（自立）」・「要支援1・2」・「要介護1～5」に区分され認定される。認定結果通知と介護保険証が届く

にくいものはないか、身体や髪を自分で洗えるかといった「生きるための基本動作（ADL）」と、調理、掃除、洗濯、銀行でのお金の出し入れができるかといった「暮らしの基本動作（IADL）」、楽しみはあるか、好きな役割があるかといった「本人らしさ（CADL）」、今日が何月何日とわかるか、道に迷わず外出できるかといった「認知機能」など、多くの項目について聞き取りが行われます。

　状態を正しく伝えて必要な介護サービスが利用できるようにすることが重要ですが、本人はプライドが邪魔して「できる」「わかる」などといってしまいがちです。**家族が付き添い、状態が正確に伝わるようにフォローしましょう。**

　訪問調査のあと、主治医から意見書の提出（調査員が手配）**を受け、認定審査会が要介護度を審査。申請から原則30日以内に認定結果が通知されます。**

　認定結果に納得がいかない場合は、市区町村の介護保険の担当部署や、地域包括支援センターに問い合わせてみましょう。認定結果を受け取ってから60日〜120日以内（市区町村によって異なる）は介護保険審査会に審査請求（不服申し立て）を行うこともできます。

　ただし手続きが大変ですから、訪問調査の際に状態がしっかり伝わるよう、工夫することが重要です。

介護保険サービスが利用できるのは要支援か要介護の人

　介護保険の認定結果は、「非該当」「要支援1・2」「要介護1〜5」の8段階です。

　非該当の場合、介護保険サービスは利用できませんが、市区町村で行っている介護予防事業を利用できる場合があるので、地域包括

支援センターに問い合わせてみましょう。**要支援か、要介護に認定されると、介護保険サービスが利用できます。**

　要支援の人が受けられるのは「介護予防サービス」、要介護の人が受けられるのは、在宅で過ごす人向けの「在宅サービス」と、高齢者施設を利用する人向けの「施設サービス」です。

　「在宅サービス」には、ホームヘルパーが調理・掃除・洗濯などの生活援助や入浴や排泄などの身体的介護をしてくれる「訪問介護」、「訪問入浴介護」、「訪問看護」ほか、送迎付きで出かけてサービスを受ける「通所サービス」（デイサービス）、「短期入所介護」（ショートステイ）などがあります。車椅子や介護ベッドなどの「福祉用具の貸与」、「福祉用具購入費・住宅改修費の支給」といった介護環境を整えるサービスも利用できます。

　対して「施設サービス」とは介護施設に入所して受けるもので、特別養護老人ホーム（特養）などがあります。

ケアプランを作成する

　介護サービスを受けるためには、どのようなサービスを、どのような頻度で、どの業者から受けるかといった「ケアプラン」を立案する必要があります。

　要支援の人は地域包括支援センターでプランを作成します。利用できるサービスの中からどれを利用したいか、希望を申し出ることもできます。

　要介護で施設サービスを受ける場合は、直接、施設に申し込み、施設のケアマネージャー（ケアマネ）にプラン作成を依頼します。

　居宅サービスを受ける場合は、ケアマネージャーを中心にプラン

図1-4：介護保険を利用したときの1カ月の支給限度額と利用できる在宅サービスの目安

区分		身体の状態の目安	支給限度額 （自己負担額）	利用できる在宅サービスの目安
要支援	1	ほぼ自立して生活できるが、家事などで一部支援が必要	50,030円 （5,003円）	週1回の介護予防訪問介護、介護予防通所系サービス、月2回の施設への短期入所、福祉用具の貸与など／週2〜3回のサービス
要支援	2	立ち上がりや歩行が不安定。介護状態への移行を防ぐために、予防重視の支援が必要	104,730円 （10,473円）	週2回の介護予防訪問介護、介護予防通所系サービス、月2回の施設への短期入所、福祉用具の貸与など／週3〜4回のサービス
要介護	1	立ち上がりや歩行が不安定。家事能力などが低下し、部分的に介護が必要	166,920円 （16,692円）	週3回の訪問介護、週1回の訪問看護、週2回の通所系サービス、3カ月に1週間ほどの短期入所、福祉用具の貸与など／1日1回程度のサービス
要介護	2	立ち上がりや歩行が困難。食事・洗濯・入浴などに一部介護が必要	196,160円 （19,616円）	週3回の訪問介護、週1回の訪問看護、週3回の通所系サービス、3カ月に1週間ほどの短期入所、福祉用具の貸与など／1日1〜2回程度のサービス
要介護	3	立ち上がりや歩行がかなり困難。食事・洗濯・入浴などに全面的介護が必要	269,310円 （26,931円）	週3回の訪問介護、週1回の訪問看護、週3回の通所系サービス、毎日1回の夜間の巡回型訪問介護、2カ月に1週間ほどの短期入所、福祉用具の貸与など／1日2回程度のサービス
要介護	4	立ち上がりが非常に困難。食事・洗濯・入浴などに全面的介護が必要。介護なしでは日常生活が困難	308,060円 （30,806円）	週6回の訪問介護、週2回の訪問看護、週1回の通所系サービス、毎日1回の夜間の巡回型訪問介護、2カ月に1週間ほどの短期入所、福祉用具の貸与など／1日2〜3回程度のサービス
要介護	5	寝たきりなどで、生活全般に全面的な介護が必要。介護なしでは日常生活が不可能	360,650円 （36,065円）	週5回の訪問介護、週2回の訪問看護、週1回の通所系サービス、毎日2回（早朝・夜間）の夜間対応型訪問介護、1カ月に1週間ほどの短期入所、福祉用具の貸与など／1日3〜4回程度のサービス

※支給限度額は標準的な地域の例。1級地（東京23区）では1単位が高いので介護サービスの利用料が高くなる。賃金や物価の高い地域には、地域別、サービス種類別の単価表が用いられている。
（　）は1割負担
出所：厚生労働省HPを基に作成

を作成します。

ケアマネとは、介護保険サービスの利用を支援する専門員のことで、介護保険のしくみなどを教えてくれたり、どんなサービスを利用するといいかを提案してくれたり、実際に利用するための手続きをしてくれます。

ケアプランは利用者が自分で作成することもできますが、介護報酬の計算や介護事業者の手配などには知識と情報が必要です。

ケアマネはこうして選ぶ

ケアマネは介護のアドバイザーであり、プランナーであり、コーディネーターでもあります。

地域包括支援センターに紹介してもらうこともできますが、できれば住所地を担当しているケアマネのリストをもらい、本人や家族で候補を選びたいものです。**かかりつけ医の意見を聞いたり、すでに介護サービスを利用している人から、どうやってケアマネを選んだか、評判のいいケアマネを知らないかなど、情報収集したりするといいでしょう。**

ケアマネはデイサービスなどを運営している事業所や、病院、訪問看護ステーション、特養などを母体とした事業所などに所属しているので、**利用したいサービスに応じて選ぶのもいい方法です。**リハビリが必要な場合は、リハビリテーション科のある病院や介護老人保健施設（老健）を母体とする事業所のケアマネ、介護というより看護の必要性が高い場合は訪問看護ステーションなどが母体の事業所に所属するケアマネを候補にする、という具合です。デイサービスやショートステイを考えているなら、それらを運営する事業、

先々は特養に入りたいなら特養を母体とした事業所にケアマネを紹介してもらうといいと思います。

ひとつの事業所に複数のケアマネが所属している場合は、ケアマネのキャリアを聞いてみましょう。**ケアマネには介護ヘルパーとして働いていた人が多いほか、理学療法士、看護師、介護福祉士など、介護、保健、医療の分野で実務経験を積んでいる人もいますので、経歴を参考に選ぶ**とよさそうです。

介護福祉士出身で介護現場での実務経験が豊富な人なら、いいアドバイスが受けられるかもしれません。骨折や脳梗塞などによる麻痺などで機能回復のためのリハビリが必要な状態なら、理学療法士出身のケアマネに相談にのってもらうのも一案です。

重病の場合、終末期ケアが必要な場合は、保健師、看護師としてキャリアを積んだケアマネを探すと安心です。

5年以上のケアマネ経験者で主任ケアマネージャーの研修を受けた人や、日本ケアマネジメント学会の認定ケアマネージャー資格を持っている人もいます。

よさそうな事業所や人が見つかったら直接電話などで連絡を取り、面談し、問題がなければ依頼します。

ひとつ忘れがちなのが、**介護を受ける本人との相性が大事**ということです。

Aさんが義母のために依頼した事業所からは若い男性のケアマネが派遣されてきました。Aさんは経験不足ではないかと不安を抱きましたが、人あたりがソフトで話を聞くのが上手なせいか、義母はとても気に入り、ケアマネのアドバイスを素直に聞くなど、相性がよかったそう。

一方、Bさん宅に来たのは義父と年代が近いケアマネ。「気兼ね

第1章／親が弱ってきたら家族の生活を守るためにすること　27

なく話せる。年寄りの気持ちをわかってくれる」と、満足度が高い様子。家族からはいいにくいこともケアマネにいってもらうと聞き入れてくれるなど、いい関係を築いているそうです。

もしも**相性がよくない、信頼できないなど、問題が生じた場合は、地域包括支援センターに連絡して交代してもらうことも可能**です。

在宅で介護する場合のサービスを知る

どんな介護保険サービスを受けるかを考えるうえでは、**本人がどんな介護を望んでいるか、介護する側からみてどんな介護が望ましいかを考えることが重要**です。

大きくは、「在宅」で介護するか、「施設」に入居するかに分けられます。

図1-5にもあるように、在宅で介護する場合には訪問介護や訪問看護、訪問リハビリといった在宅型のサービスが利用できるほか、定期的に施設に通うデイサービスや短期的に施設に宿泊するショートステイも可能です。これらの選択肢の中から、家族のいない日中はデイサービスを利用する、介護者の負担を減らすためショートステイを利用するなど、詳細を考えます。

ケアマネが本人や家族の要望を聞き取ってくれますから、**困っていること、できないこと、不安なことなどをきちんと伝えましょう。ケアプランは要介護者の状態ができるだけ改善または維持できるようにするためのもの**で、家族などの希望がすべて聞き入れられるわけではなく、サービスの上限額も決まっていますが、**状況や悩みを正しく伝えることが大切**です。

また月1回以上はケアマネが自宅を訪問して面接を行います。問

図1-5：介護にはどんな選択肢があるか

「まずは機能を回復させたい」	介護老人保健施設（老健）	医師の指示のもと、数カ月入所して、集中的にリハビリを行い自宅復帰を目指す
「自宅で介護したい」	訪問介護	ヘルパーが食事・排泄・着がえ・入浴などの介護や掃除、洗濯などの生活支援をしてくれる
	訪問看護	医師の指示で看護師が病状の観察や看護、排泄の支援などをしてくれる
	訪問リハビリ	医師の指示で理学療法士や作業療法士などがリハビリをしてくれる
	訪問入浴	自宅で入浴できない場合、専用の浴槽を持ち込んで入浴させてくれる
	居宅療養管理指導	医師や歯科衛生士、薬剤師などが口腔ケアや服薬の指導などをしてくれる
「自宅で介護するが、施設も利用したい」	小規模多機能	自宅での訪問介護を中心に、デイサービスとして通うことができる。ショートステイも可能
	デイサービス	施設に通い、食事や入浴、レクリエーションなどの介護サービスを数時間受ける
	デイケア	施設に通い、心身の機能の維持・回復を図るためのリハビリを受ける
	認知型デイサービス	認知症の人を受け入れ、食事や入浴、排泄介助をする施設に通う
「自宅で介護するが、短期で宿泊させたい」	ショートステイ	自宅で介護できない時、1日〜1週間程度、一時的に泊まれる介護施設
	療養ショートステイ	自宅で介護できない時、要介護3以上の人でも、一時的に泊まれる施設
「施設で介護を受けたい」	・サービス付き高齢者向け住宅 ・住宅型有料老人ホーム ・介護付き有料老人ホーム ・ケアハウス ・特別養護老人ホーム	入所する。 施設の種類や費用などはさまざま

題や希望があれば相談し、ケアプランの見直しや変更を依頼することもできます。

　介護保険とは別に、自治体や民間企業では配食サービス、家事支援、外出支援、訪問理美容サービスなどを行っている例があり、介護保険サービスだけでは足りない場合はそういったサービスを利用するという選択肢もあります。

介護が受けられる施設も種類が豊富

　家で介護できない場合、望まない場合は施設型になり、特別養護老人ホームなどの高齢者向け施設に入居します。

　図1-6は主な老後の住まいの種類と費用をまとめたものです。

　最も費用が安いのは特別養護老人ホーム（特養）ですが、地域によっては数が足りておらず、2017年3月厚生労働省は、入所を申し込んでも入れない待機者が2016年は全国で約36.6万人だったとの調査結果を発表しています。入居時の費用はかからず、毎月の負担は要介護度や収入などに応じて月額5万〜15万円程度が目安です。入居できるのは原則、要介護3以上の人です。

　そのほか、サービス付き高齢者向け住宅、ケアハウス、介護付き有料老人ホーム、住宅型有料老人ホームなどがあります。入居時の状態や負担できる金額によって選択肢が違ってきます。

　施設を決める際は複数の候補を見学したり、体験入所が可能なら積極的に利用したりして、比較検討しましょう。有料老人ホームも入居者1人あたり何人の介護・看護職員が配置されているかなどは、施設によって異なります。高機能なベッドやセミオーダーのマット、身体状況に応じた食事、個室風呂など、きめ細やかなサー

図1-6：主な老後の住まいの種類と費用の目安

	入居時の状態	入居時の費用	月々の支払い	特徴
住宅型有料老人ホーム	元気なシニアまたは要支援程度	2,000万〜5,000万円	15万〜20万円	主に住居を求める人が対象。食事や緊急時対応サービスが提供される。介護サービスは別途契約することが多い
介護付き有料老人ホーム	元気なシニアまたは要支援・要介護	0〜3,000万円	15万〜30万円	介護保険の「特定施設入居者生活介護」の指定を受けた施設。住居と介護サービスの提供が受けられ、元気なうちに入居できるところも
サービス付き高齢者向け住宅	元気なシニアまたは要支援程度	0〜50万円	5万〜25万円	食事、緊急時対応、生活相談サービスのついたバリアフリーの集合住宅。介護事業所と併設しているところが多い
ケアハウス	元気なシニアまたは要支援・要介護	0〜500万円	8万〜18万円	自立した人向けの「一般型」と「介護型」がある。自治体の助成を受けており費用は安めだが、施設数は少ない
特別養護老人ホーム	要介護3以上	0円	5万〜15万円	要介護3以上で介護の優先度が高い要介護者が入所できる施設。24時間介護サービスが受けられ、終身利用も可能

第1章／親が弱ってきたら家族の生活を守るためにすること 31

ビスが受けられる施設もあります（ソニー・ライフケアの例）。
　規定の費用以外に実費などでどれくらいのお金がかかるか、死亡などで退去する場合に費用が返還されるかなどについても誤解のないように確認してください。

3 介護にかかるお金を把握する

介護の費用をどうするか

　介護にはさまざまなお金がかかります。

　介護保険では、本人の所得が160万円未満なら利用したサービスの料金について1割、一定以上の所得がある場合は2割（2018年8月以降は一部3割に）**が自己負担になります**（図1-7参照）。**何割負担になるかは、毎年、自治体から送られてくる「介護保険負担割合証」に記載されています。**

　生命保険文化センターの調べでは、**介護期間は平均約5年間。一時的な費用が平均約80万円、月額7.9万円**（図1-8参照）**で、5年間の合計費用は平均約550万円程度**にのぼります。

　親を介護する場合、介護費用は親自身が負担するのが基本的な考え方です。子どもにはそれぞれ自分たちの生活がありますし、教育費や老後資金も準備しなければならず、一般的に考えて親の介護費用を負担するのは大変だからです。**介護に使うお金があるか、早い段階で親に確認しておきましょう。**「介護費用出せる？」とは聞きにくいと思うので、いざというときに使うことができる金融資産はどの程度あるか、年金はいくら受給しているかを確認します。

　第2章でも述べますが、**お金については介護が必要になったときのためにも、相続を迎えることになったときのためにも、親子で情報を共有しておくことが望ましい**といえます。年金については、「自分たちが老後を迎える頃は年金をいくらもらえるのか心配。お

父さんたちはいくらもらっているの？」など、さり気なく聞くのもいいですし、「いざというときに私たちが首尾よく手伝えるように、お金のことを聞いておきたいのだけれど……」といったアプローチもよさそうです。

親に経済的余裕がない場合は、教育費や自身の老後資金なども考慮し、どのくらいなら子が支援できるかを考えておくといいでしょう。

Cさんは母親が要介護状態になりましたが、母が自身で介護費用を負担するのは困難でした。Cさんは年収も高く経済的には余裕がありましたが、妻の理解が得られず、妻に内緒で、自身のお小遣いの範囲でしか介護費用を援助することができませんでした。**経済的な援助が必要になる可能性が高そうなら、早いうちから家族で話し合っておくことも大切**です。

また兄弟それぞれで経済状態は異なりますから、兄弟間で意思の確認をしておくことも重要です。Dさんは経済的に余裕がある自分

図1-7：介護保険サービスの自己負担は1〜2割

● 利用者負担割合

第1号被保険者（65歳以上）	本人の合計所得金額が160万円以上	下記以外の場合		2割
		同一世帯の第1号被保険者の年金収入＋その他の合計所得金額	単身は280万円未満	1割
			2人以上は346万円未満	1割
	本人の合計所得金額が160万円未満			1割
第2号被保険者（40歳から64歳）				1割

2割負担の人で年金収入等が340万円以上の人は2018年8月から3割となる

図1-8：介護期間、費用はどのくらいか

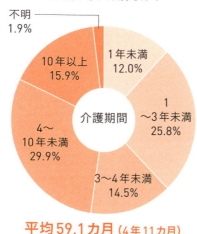

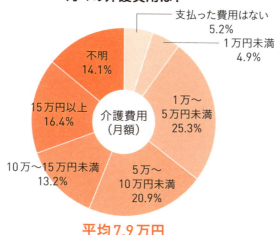

※「支払った費用はない」を0円として平均を算出
※介護に要した費用（公的介護保険サービスの自己負担費用を含む）のうち、月々の費用（月々支払っている（支払っていた）費用）
出所：生命保険文化センター「生命保険に関する全国実態調査」平成27年度をもとに作図

がお金の支援を、時間的余裕がある妹が通院の付き添いを、といった分担をしているといいます。

別居する家族が介護のために定期的に帰省したり、施設に面会に行ったりする場合には、帰省のための交通費もかかります。航空会社の中には介護のために帰省する人向けに割引料金を設定していることがあります。利用する交通機関に割引サービスがないかも確認してみるとよさそうです。

交通費も親に負担してもらうのが理想ですが、難しい場合は**たくさん足を運んでいる人に負担が集中しないよう、兄弟で調整するのが望ましい**でしょう。

4 | 介護の態勢を整える

介護離職は避ける

　兄弟姉妹がいる場合は介護をどう分担するか話し合います。

　75歳以上の親がいる人の4人に1人は介護をしているといわれ、**介護離職する人は1年間に10万人**にのぼります。親が地方に住んでいて近くに介護する人がいない、仕事が忙しくて働きながらでは介護できないといった事情もあると思いますが、介護のために転職したり、仕事を辞めたりすることは避けたいところです。収入が減れば自身の生活に支障が出ますし、なにより、多くの親は自分の介護のために子どもが仕事を辞めることを望まないからです。

　たとえばシングルの人が仕事を辞めて親の介護をした場合、本人には収入がなくなり、親の年金、親の資産で生活することになります。経済的に余裕がないため介護サービスの利用を控える、自身で多くを担おうとして介護が大変になる、節約のために交際費を抑えてしまい外部との交流がなくなるなど、ストレスが増してしまうこともあります。そして親が死亡すれば年金はなくなりますから、自身が年金を受給開始するまでは預金などで生活しなければなりませんし、老後資金も不足しがちです。**介護離職は精神的にも経済的にも、リスクが大きい**のです。

　そうはいっても、現実的には「自分が介護するしかない。実家からは通勤できず仕事は続けられない」「時間的に両立できない」といったケースもあるでしょう。そのような場合も結論を急がず、思

い詰めず、まずはケアマネなどに相談してみてください。

　ケアマネに力を借りて介護保険をうまく利用したり、兄弟で分担したりして働きながら介護できる態勢をつくりましょう。介護しながら仕事を続けるための制度もありますから、そういった制度を知っておくことも大切です。

介護を支える制度

　雇用保険加入者は家族の介護が必要になった場合には、「介護休業」をとることができます。

　「改正育児・介護休業法及び改正男女雇用機会均等法」で定められたもので、**介護が必要になった家族1人につき、3回を上限として最長で93日間、「介護休業」として会社を休むことができます。また介護休業とは別に年5日、対象家族が2人以上の場合は10日、「介護休暇」をとることができ、半日単位で休むことも可能**です（有給休暇になるか、無給かは会社によって異なります）。

　要介護状態の家族を介護する勤務者が「介護休暇」を申し出た場合、事業主は、短時間勤務、フレックスタイム制度、介護サービス費用の助成など、介護者のニーズに応える措置や配慮をしなければなりません。

　残業や休日出勤など所定外労働の免除を求める権利も創設されています。

　これらの制度については、**過去1年間同じ会社に勤めている人が対象**で、**パート勤務の人や契約社員も対象**になります。

　配偶者（事実婚を含む）や父母、子、配偶者の父母、祖父母、兄弟姉妹、孫の介護も対象になっており、同居・扶養しているかどうか

は問いません。たとえば同居する実父の介護が必要になったら最長93日間、離れて暮らす義母が要介護になったら別途最長93日間と、それぞれ通算93日まで、3回を上限に休業できます。

 また介護で会社を休み、その間、会社から賃金が出なかった場合や、賃金の20％超がカットされた場合には、「介護休業給付金」が受け取れます。賃金が67％以下の場合は賃金の67％（平成28年8月1日以前に介護休業を開始した人は40％）相当額、賃金が67％超80％未満の場合は賃金の80％相当額と賃金との差額が支給されます。

 介護サービスの利用について検討したり、サービスが親のニーズにマッチするかを確認したりと、介護がはじまる時期はするべきことも多く、何かと時間がかかりがちですから、態勢が整うまでの期間だけでも休業できればかなり助かります。退職すべきかなど慌てて結論を出すのは避け、ひとまずこういった制度を活用して会社を休む。そうして介護の態勢を整えたり勤務先と働き方について話し合ったり、じっくり考える時間を持つといいでしょう。

5 お金の負担が軽減される制度を知っておく

1カ月の医療費には上限がある《高額療養費》

　介護にあたって知っておきたい3つの制度があります。
　「高額療養費」「高額介護サービス費制度」「高額医療・高額介護合算療養費制度」です。
　「高額療養費」とは、医療費がたくさんかかった場合、一定額を超えた分が健康保険から還付される制度です。
　たとえば70歳以上・世帯年収370万円未満の人は外来では1万4,000円、入院では5万7,600円が1カ月の負担の上限で、医療機関の窓口でそれを超える額を支払った場合は、超えた分が還付されます。食事代や差額ベッド代などは別途自己負担になりますが、入院して手術を受けて100万円かかっても、高齢者医療の場合は保険者が計算して還付してくれます。医療費は1カ月の上限5万7,600円で済むのです。
　1カ月とは各月の1日から末日までを指し、8月21日に入院して、9月20日に退院するなど、月をまたがる場合は8月、9月、それぞれに上限額を負担することになりますが、それでもかなり負担は軽減されます。
　図1-9にもあるように2018年8月からは通院にかかる医療費の上限が上がりますが、それでも頼れる制度といえるでしょう。
　ちなみに高額療養費は高齢者だけでなく、健康保険に加入している人なら誰でも給付を受けられます。65歳未満の人は高齢者とは

自己負担額の上限が異なり、一般的な所得の人では1カ月あたりの自己負担額の上限は8万円＋αです。

　還付を受けるには健康保険の窓口（国民健康保険では市区町村の窓口）で手続きする必要がありますが、入院の場合や、同一医療機関での外来の場合は、医療機関に「限度額認定証」を提出しておけば請求されるのは上限額までで済み、あとで手続きする手間がかかりません。いったん立てかえる必要がないというメリットもあります。限度額認定証は健康保険の窓口で発行してもらえます。

図1-9：高齢者の医療保険制度見直し

		年収370万円以上	年収370万円未満
2017年8月〜	外来（個人）	5万7,600円	1万4,000円（年間上限14万4,000円）
	限度額（世帯）	8万100円＋1%	5万7,600円
2018年8月〜	外来（個人）	8万100円＋1%〜25万2,600円＋1%	1万8,000円（年間上限14万4,000円）
	限度額（世帯）	8万100円＋1%〜25万2,600円＋1%	5万7,600円

介護サービスの利用料は一定額を超えた分が戻る≪高額介護サービス費≫

　介護保険のサービス利用料については1カ月あたりの上限額が設定されており、上限を超えた分が払い戻される「高額介護サービス費」という制度があります。

図1-10：高額介護サービス費

区分	負担の上限（月額）
現役並み所得者に相当する方がいる世帯の方	44,400円（世帯）※
世帯内のどなたかが市区町村民税を課税されている方	44,400円（世帯）(注)
世帯の全員が市区町村民税を課税されていない方	24,600円（世帯）
・老齢福祉年金を受給している方 ・前年の合計所得金額と公的年金等収入額の合計が年間80万円以下の方等	24,600円（世帯） 15,000円（個人）※
生活保護を受給している方等	15,000円（個人）

※「世帯」とは、住民基本台帳上の世帯員で、介護サービスを利用した方全員の負担の合計の上限額を指し、「個人」とは、介護サービスを利用したご本人の負担の上限額を指します。
(注)1割負担者（年金収入280万円未満）のみの世帯については、年間上限額44万6,400円とする（平成29年8月から3年間の時限措置）。

　図1-10にもあるように、上限額は同じ世帯の人の収入によって異なります。たとえば夫婦2人暮らしで2人とも住民税が非課税なら、1カ月の上限は2万4,600円。サービスを受けているのが夫だけでも、2人ともサービスを受けていても、2人（世帯）で2万4,600円が上限です。もし夫が2万円、妻が1万円のサービスを受けたとすると、5,400円が払い戻されます。

　また現役並み所得者（課税所得145万円以上）に相当する65歳以上の人がいる世帯では、世帯の上限額が4万4,400円です。

　1カ月の上限を超えているかどうかは市区町村が確認しており、払い戻しを受けられる人にはお知らせが届きます。

世帯の医療費と介護費の負担を軽減
≪ 高額医療・高額介護合算療養費制度 ≫

　高齢になれば、夫は病気で医療費がかかり、妻は介護費がかかるということもあります。世帯単位でみると負担が大きくなりますが、**同一世帯（ひとつの世帯）に介護保険を利用している人と医療保険を利用している人がいる場合、1年間に自己負担した合計額が一定額を超えると超えた分が戻ってきます。「高額医療・高額介護合算療養費制度」という制度で、毎年8月1日〜翌年7月31日の1年間で計算されます。**

　ここでいう同一世帯とは、医療保険の加入制度が同じ世帯のこと。夫婦とも「後期高齢者医療制度」に加入していれば夫の介護保険サービス利用料と妻の医療費を合算したりできますが、夫が「後期高齢者医療制度」、妻が「国民健康保険制度」という場合は合算できません。

　75歳以上の夫婦で住民税非課税世帯の場合、医療保険と介護保険の年間の自己負担額上限は56万円。これを超えた分が戻ってきます。

　ただし、病院や施設の食費や居住費、差額ベッド代は計算に含まれないほか、上限を超えた額が500円未満の場合は還付されません。また医療保険・介護保険の自己負担額のいずれかが0円である場合は対象外で、両方で自己負担が発生している場合が対象です。

　70歳未満の医療費については、医療機関別、医科・歯科別、入院・通院別に2万1,000円以上ある場合のみ合算の対象となります。70歳以上は、高額療養費の所得区分が細分化され、2018年8月から現役並み所得者は限度額が引き上げられます。

第1章／親が弱ってきたら家族の生活を守るためにすること　43

図1-11：高額医療・高額介護合算療養費制度

●高額医療・高額介護合算療養費制度の自己負担限度額

	75歳以上の人の世帯	70〜74歳の人の世帯	70歳未満の人の世帯	
加入している保険	後期高齢者医療制度＋介護保険	健康保険または国民健康保険など＋介護保険	健康保険または国民健康保険など＋介護保険	
現役並み所得者（70歳以上）上位所得者（70歳未満）	67万円	67万円	ア　212万円	
			イ　141万円	
			ウ　67万円	
一般	56万円	56万円	エ　60万円	
低所得者　Ⅱ	31万円	31万円	オ　34万円	
低所得者　Ⅰ	19万円	19万円		

※低所得者Ⅰ：特に所得が低い世帯（年金収入が80万円以下など）
　　　　　　Ⅱ：住民税非課税の世帯

●70歳未満の所得区分

区分ア	標準報酬月額83万円以上の人
区分イ	標準報酬月額53万〜79万円以上の人
区分ウ	標準報酬月額28万〜50万円以上の人
区分エ	標準報酬月額26万円以下の人
区分オ	低所得者（被保険者が市区町村民税の非課税者等）

●高額医療・高額介護合算療養費制度を利用したときの支給額

毎月の負担額は低くても、医療費と合わせて年間の費用が一定以上となると、差額が支給される。

例）夫婦とも75歳以上で非課税世帯。1年間に医療費28万円。介護サービス費28万円で56万円かかった場合

※年齢や所得、実際にかかった費用によって支給額は異なる。
出所：厚生労働省の資料より作成

申請すれば差額が支給される

申請前　負担 56万円（28万円＋28万円）

申請後　25万円／負担 31万円　※上の図：低所得者Ⅱ

還付を受けるには市区町村の介護保険窓口に申請する必要があり、自ら申請しなければ還付は受けられません。領収書を保管するなどして自己負担額を把握しておき、対象になる場合は漏れなく申請しましょう。

負担が多かった人は税金が軽減される≪医療費控除≫

1年間（1月1日から12月31日）にかかった医療費が10万円（総所得金額等が200万円未満の人は総所得金額等の5%）を超えた場合、所得税が軽減される「医療費控除」が受けられます。10万円を超えた額が所得から差し引かれ、所得が減る分、税金が軽くなるしくみです。意外と知られていませんが、介護サービスの費用も医療費控除の対象となります（図1-12参照）。

非課税の人にはメリットがないため、高齢の方には関係ないと思いがちですが、医療費控除は自身の医療費、介護費だけでなく、生計を一にする配偶者やそのほかの親族のために支払った医療費であれば適用されます。つまり、両親の医療費や介護費を同居する子などが支払った場合、子が医療費控除を受けられるというわけです。

控除を受けるには確定申告をする必要があります。

図1-12：医療費控除の対象となる介護保険サービスの対価

●施設サービス

施設名	医療費控除の対象	医療費控除の対象外
指定介護老人福祉施設【特別養護老人ホーム】指定地域密着型介護老人福祉施設	施設サービスの対価（介護費、食費及び居住費）として支払った額の2分の1に相当する金額	①日常生活費②特別なサービス費用
介護老人保健施設	施設サービスの対価（介護費、食費及び居住費）として支払った額	①日常生活費②特別なサービス費用
指定介護療養型医療施設【療養型病床群等】	施設サービスの対価（介護費、食費及び居住費）として支払った額	①日常生活費②特別なサービス費用

出所：国税庁「医療費控除の対象となる施設サービスの対価の概要（平成28年4月1日現在法令等）」

●居宅サービス等

	居宅サービス等の種類
①医療費控除の対象となる居宅サービス等	訪問看護 介護予防訪問看護 訪問リハビリテーション 介護予防訪問リハビリテーション 居宅療養管理指導【医師等による管理・指導】 介護予防居宅療養管理指導 通所リハビリテーション【医療機関でのデイサービス】 介護予防通所リハビリテーション 短期入所療養介護【ショートステイ】 介護予防短期入所療養介護 定期巡回・随時対応型訪問介護看護（一体型事業所で訪問看護を利用する場合に限ります） 複合型サービス（上記の居宅サービスを含む組合せにより提供されるもの（生活援助中心型の訪問介護の部分を除きます）

	居宅サービス等の種類
②①の居宅サービス等と併せて利用する場合のみ医療費控除の対象となる居宅サービス等	訪問介護【ホームヘルプサービス】 （生活援助（調理、洗濯、掃除等の家事の援助）中心型を除きます） 夜間対応型訪問介護 介護予防訪問介護（※平成30年3月末まで） 訪問入浴介護 介護予防訪問入浴介護 通所介護【デイサービス】 地域密着型通所介護（※平成28年4月1日より） 認知症対応型通所介護 小規模多機能型居宅介護 介護予防通所介護（※平成30年3月末まで） 介護予防認知症対応型通所介護 介護予防小規模多機能型居宅介護 短期入所生活介護【ショートステイ】 介護予防短期入所生活介護 定期巡回・随時対応型訪問介護看護（一体型事業所で訪問看護を利用しない場合及び連携型事業所に限ります） 複合型サービス（上記①の居宅サービスを含まない組合せにより提供されるもの（生活援助中心型の訪問介護の部分を除きます）に限ります） 地域支援事業の訪問型サービス（生活援助中心のサービスを除きます） 地域支援事業の通所型サービス（生活援助中心のサービスを除きます）
③医療費控除の対象外となる居宅サービス等	訪問介護（生活援助中心型） 認知症対応型共同生活介護【認知症高齢者グループホーム】 介護予防認知症対応型共同生活介護 特定施設入居者生活介護【有料老人ホーム等】 地域密着型特定施設入居者生活介護 介護予防地域密着型特定施設入居者生活介護 福祉用具貸与 介護予防福祉用具貸与 複合型サービス（生活援助中心型の訪問介護の部分） 地域支援事業の訪問型サービス（生活援助中心のサービスに限ります） 地域支援事業の通所型サービス（生活援助中心のサービスに限ります） 地域支援事業の生活支援サービス

出所：国税庁「医療費控除の対象となる居宅サービス等の対価の概要（平成28年4月1日現在法令等）」

第2章

お金のこと、
いますぐ確認して
おくべきこと

家族でお金のことを話すのには抵抗がある、という方も多いでしょう。しかし突然大きな病気をしたり、認知症が進んだりすると、どの銀行にお金を預けてあるのか、保険に入っているのかなど、まったくわからず途方に暮れるということも起こりがちです。元気なうちに確認すべきこと、しておきたい手続きをご紹介します。

この章のポイント

1 資産を把握する

2 投資や保険について確認をする

3 借金の有無について確認をする

事例

あらゆる引き出しに書類の山が……複数の保険証券も発見

　誠さん（50歳・仮名）の母（享年74）は長年、地方で一人暮らしでした。誠さんは大学生のときから都心で暮らしていますが、長男が実家から車で30分程度のところに住んでおり、月に1度程度は母のもとを訪ねてくれていました。

　母には生活に困らないだけの年金があり、浪費したりしている様子もなく、経済的なことについては長男も誠さんも気にしていませんでした。

もともとしっかりしている人だったので、誠さんは母の健康面の心配はしても、お金については不安を持っていなかったのです。

しかし母が亡くなったあと、誠さんは長男から意外な連絡を受けます。

「部屋を片付けていたら、預金通帳が山ほど出てくるし、入っていたはずの保険証券は見つからない」というのです。

実家は表面上はきれいに片付いていたのですが、あらゆる引き出しに書類や郵便物が乱雑に詰め込まれており、どこに大事なものが保管されているのかがわからない状態でした。押入れの中には書類でぱんぱんになった紙袋も複数見つかりました。何が手がかりになるかわかりませんから、すべての封書を開封し、内容を確認。かなりの手間です。

兄弟で手分けして書類の山と格闘すると、見つかった通帳は全部で8つ。大きな金額ではないと想像できましたが、放置するわけにもいかず、兄弟ですべての銀行に残高を問い合わせました。

複数の証券会社とも取り引きがあることも発覚。買っているのは個人向け国債で安全性が高いものでしたが、取引報告書を見逃していたら相続もできません。

食器棚の引き出し、仏壇の引き出し、着物だんすの引き出しからは複数の保険証券も発見。不要と思われる保険がほとんどだったうえ、入院しても母が保険について口にすることはなく、誠さんたちが気づかなければ保険金をもらい損ねるところでした。

「年間で30万円以上、保険料を払っていたようです。何かあったら子どもに迷惑がかからないように……と思ったのかなあ。ちょっと切ないですね」（誠さん）

第2章／お金のこと、いますぐ確認しておくべきこと

1 資産を把握する

通帳はなるべくひとつにまとめる

　家賃を振り込むために通帳をつくった。転勤先にあった銀行に口座を開いた。住宅ローンを借りるために、学費を振り込むために……など、多くの銀行に口座を開いている人は少なくありません。

　なかには本人も口座をつくっていることを忘れているケースもあり、実際にはいくらの資産があるのか、正確に把握できていないことも。それでは介護が必要になったときなど、いざというときに使えるお金がいくらあるかわかりませんし、先々、相続という段階になっても存在を知らないまま放置してしまうことにもなりかねません。たんすの中、鏡台の引き出し、仏壇など、通帳が隠れていないか聞いてみましょう。場合によっては親子で一緒に探すのもいいと思います。

　保有している口座がわかったら、親が元気なうちに思い切って口座を整理することをお勧めします。

　名義人が死亡した場合、家族は電話などで金融機関に相続が発生したこと（名義人が死亡したこと）を伝える必要があります。詳しくは第6章で述べますが、これにより口座は凍結され、家族であっても入出金ができなくなります。

　また相続のためには、残高がいくらあるのかを把握するため金融機関に対して残高証明の開示や照会請求を行う必要があり、金融機関が定める所定の手数料がかかります。

52

金融機関が1〜2カ所なら仕方ありませんが、口座が7つも8つもあると大変な手間ですし、手数料もかさみます。そこで、親が元気なうちに口座を整理し、必要最低限にしぼっておくのです。

　私は母親が元気なうちに一緒に銀行を回り、口座を解約する手続きをしました。7つの銀行に口座を持っていましたが、ひとつにしぼり、その口座で年金の受け取りや光熱費の引き落としなどがすべて済むようにしました。本人が銀行に出向いて自筆で書類に記入する必要がありましたが、高齢の母にとっては出かけるのもなかなか大変。おまけに手続きに必要な顔写真入りの身分証明書（金融機関によっても異なる）を持っていなかったので、住基カードをつくってから、再度、手続きに行きました。文字を書くのもつらそうで、同じ姿勢を保持して証明写真を撮るのも一苦労。若いときには想像できない大変さがあるのです。

　顔写真入りの身分証明書には、パスポート、運転経歴証明書（運転免許証を返納した場合に交付される）、マイナンバー（個人番号）カードなどがあります。本人が手続きができるうちに、つまり元気なうちに手続きしましょう。

　「お金だけ引き出してしまえばいい」と思うかも知れませんが、キャッシュカードでの引き出しには金額に制限がありますし、多くのATMでは1,000円単位でしか引き出せません（1,000円に満たない額が残ってしまう）。窓口でおろすにはやはり本人が出向く必要があります。また、**普通預金しかないと思っていたけれど昔つくった定期預金が自動継続されていた、別の支店にも口座があった、ということもないとは限りません**（私の母もありました）。口座を閉鎖する手続きをすれば、そうした「見逃し」も防止できます。

第2章／お金のこと、いますぐ確認しておくべきこと　53

図2-1：銀行の口座解約に必要な手続き
●本人が銀行に出向く

以下のものを持参
① 通帳
② 届出印
③ キャッシュカード
④ 身分証明書（銀行により異なる）
　…写真入りのものがない場合、保険証などでも可能か、電話などで確認すれば二度手間が防げる

　たんすの中から、長く使っていない通帳やカードが出てくることもあります。残高の有無がわからなくても、取引店に問い合わせれば確認してもらえます。キャッシュカードしかない、届出印が見当たらない、という場合も手続きは可能ですし、残高があれば、何年経っていても基本的には引き出しできます。
　もしも見逃している預金があると、相続税について申告漏れを指摘されたり、修正申告が必要になったりしかねませんので、気をつけましょう。

2 投資や保険について確認をする

無理な投資などをしていないか

　証券口座についても確認しておきましょう。

　口座の有無だけでなく、**どんな資産を、どの程度保有しているかも確認すると安心**です。大まかに資産状況を把握するという目的以外に、**親が不適切な投資をしていないかをチェックするためでもあります**。元気なときには投資判断ができた人でも、認知機能が衰えてから株式などを売買したり、投資したまま放置していたりなど、問題が生じていることもあります。

　Eさんの父親は若いころから株式投資をしていましたが、70代半ばを過ぎ、若いころと同じようにはいきません。それでも証券会社から頻繁に電話があったり、取引報告書が届いたりしていたため、母親が心配していました。そこでEさんは「自分も投資をはじめてみたいので、教えてくれないか」と父に話してみたそうです。父は喜んで話をはじめましたが、父が内容もよく把握しないまま複雑な投資商品を買っていることがわかりました。

　そのためEさんは、「自分も買ってみようかな」などと応じていったんは話を受入れ、後日、「投資に詳しい友人に相談したら、その商品はいまが売り時だといわれたので自分は買うのをやめた。父さんも売ってみたら？」と持ちかけたそうです。

　父はすんなりと商品を売却。意外なことに、それからはEさんに

相談してくれるようになったといいます。「含み損が出ている株式も多かったので、父も本音では不安を感じていたようです。頭ごなしに注意するのではなく、投資に詳しい友人という架空の第三者を介在させることでスムーズに聞き入れてもらうことができました。また投資の基本的な知識は豊富なので教わることも多く、父の尊厳も保てました」

　確定拠出年金で年金づくりをするなど、現役世代にも投資や資産形成について考える必要性が高まっています。自身のためにも知識を増やし、親の運用が適切かどうか確認するといいでしょう。間違った投資判断で損失が膨らめば、本人が精神的にショックを受けることにもなりかねません。親の性格や親子の相性もありますが、上手なアプローチの方法を考えたいものです。

　また、最近では銀行も投資信託などの投資商品の販売に力を入れています。高齢の方はとくに、銀行に対して絶大な信頼を寄せており、「銀行が勧めてくれるものはいいもの」と思い込む傾向があります。**投資経験がない人がリスクを理解しないまま安易に投資信託を購入してトラブルになっているケースもありますので、上手に聞き出してみましょう。**

無駄に加入している保険はないか

　生命保険についても親子で情報を共有しておくと安心です。

　死亡したときに保険金が支払われる生命保険、入院したときや手術を受けたときに保険金が受け取れる医療保険、がん保険など、さまざまな保険がありますが、いずれも、**保険会社に請求をしなけれ**

ば保険金は受け取れません。本人が保険に入っていることを忘れてしまったり、身近な人が保険の存在を知らなかったりすれば、保険金を請求漏れする可能性があるというわけです。

Fさんは友人から聞いた話をきっかけに親に保険について確認することにしました。

友人が母親を亡くし、遺品を整理していた時のこと。洋服だんすの奥にあった書類の束から母親の保険証券が出てきたそうです。保障内容を見ると死亡時に100万円が受け取れるほか、入院時には日額5,000円、手術を受けると10万円が受け取れるものでした。母親は入院、手術もしたので、死亡保障の100万円のほか入院給付金と手術給付金として25万円を受け取ることができました。

友人は「あやうくもらい損ねるところだった。母は保険のことなど一言もいっていなかったし、体調を崩している母親に保険に入っているかを聞く気にはならなかった」と話したそうです。

Fさんは友人の話を少しオブラートに包んで両親に話しました。

高額療養費があるため、入院してもあまり経済的な心配はないと思いましたが、もし医療保険に加入していて入院給付金が受け取れれば、希望に応じて個室を利用したり、退院後の通院にタクシーを利用したりするときに役立てられます。そのことも含めて両親に話し、Fさんは両親の保険証券を見せてもらいました。

またGさんは親の預金通帳を見て、保険料が引き落とされていることに気づき、親が保険に加入していることを知ったといいます。

保険について情報を共有するメリットは少なくありません。

まずひとつは、前述のとおり、**請求漏れを防ぎやすくなる**こと。

2つ目は、親などが加入した保険を、**本人のために活用できる**こと。死亡保障に**「リビングニーズ特約」**（特約料はかかりません）**を付加しておけば、余命6カ月と判断された際に死亡保険金を受け取ることも可能**で、保険金を加入者自身のために活用できます。

そして3つ目は、**必要性の低い保険に入っていたり、保障がダブっていたりしないかをチェック**できることです。

お葬式代くらいは自分で用意したいと考える人が多いのですが、貯蓄があればわざわざ保険で用意する必要はありません。複数の保険に加入して入院保障をたくさん確保している高齢者もいますが、高額療養費で医療費の負担には上限があり（40ページ参照）、保険が過剰になっている可能性もあります。

生命保険の保険金は、法定相続人1人あたり500万円までは相続税がかかりません。夫が死亡し、妻と子ども2人がいれば、1,500万円までは非課税です（相続税については第4章で述べます）。相続税対策として養老保険や終身保険などに加入するのはいい方法ですが、そこに必要性が低い医療特約を付けていれば無駄な保険料を払っていることにもなりかねません。不要な特約がある、保障額が大きすぎるといった場合は保険会社に問い合わせ、保障内容のリストラを検討しましょう。

たくさんもらえるのがいい保険ではなく、必要な保険に無駄なく入るのがいちばんお得ということを伝えてあげてください。

必要のないクレジットカードを持っていないか

クレジットカードを保有している高齢者も多いと思います。

Hさんは母親から「通帳から1,080円引き落とされているのだけれど、何のお金かわからない」と相談を受けました。通帳を見ると、○○○○○クレジットの文字。どうやらクレジットカードの年会費が引き落とされているようです（年会費のみの場合、利用明細書が届かない場合があります）。

　スーパーマーケットやデパートでは、買い物の際に優遇が受けられるショップカードがあり、買い物の際に割引が受けられる、優待セールで買い物ができるなどの特典にひかれ、気軽に加入しがちです。単なるショップカードならいいのですが、なかにはクレジット機能が付加されているカードもあり、初年度は年会費無料でも、2年目以降は有料、一定額以上カード決済しないと有料という場合もあります。Hさんの母親はカードを提示して割引を受け、支払いは堅実に現金払いしていた（カード決済しない）ため、年会費が差し引かれていたのです。

　このように節約しようと思ってカードをつくっても、年会費の払い損になることがあります。万が一紛失すれば不正利用される心配もありますし、キャッシング機能を悪用されて詐欺にあうリスクもあります。**クレジットカードは年会費無料のものだけにしたり、メリットが多いものに絞り込んだりするよう助言したい**ものです。判断力が低下している場合は解約したほうが無難です。

　所有者が死亡した場合は退会の手続きをとる必要がありますから、保有しているカードの情報も把握しておきましょう。

第2章／お金のこと、いますぐ確認しておくべきこと　59

意外と知られていない貸金庫の存在！？

　私は神戸在住で1995年の阪神・淡路大震災で被災しました。その際、社会保険労務士、ファイナンシャルプランナーとして避難所で公的支援を受けるための相談などに対応しました。震災のあと、被災地でもそれ以外の地域でも、貸金庫を利用する人が増えたように思います。**保険証券や自宅やほかの不動産の権利書、貴金属、宝石、さらには遺言書などを貸金庫に保管している方もいます。家族など、身近な人が貸金庫の存在を知らないと大変困りますから、一度、確認しておくと安心**です。

　Iさんも貸金庫の話題が取り上げられたテレビを母親と見ていた時、母親から「私も利用している」と告白され、仰天したといいます。銀行の貸金庫で、年間約3万円の利用料を払い、自宅の権利書などを保管していたそうです。Iさんは、「資産家でもないのに貸金庫を利用しているなんて、びっくりした」と話してくれました。

　鍵を紛失して錠前の取り替え費用がかかったり、暗証番号を忘れてしまったりと、認知機能が衰えると思わぬトラブルも考えられますから、必要に応じて情報を共有しておくと安心です。また家族などが代理人登録をしておくと、本人に代わって保管品の出し入れができます。

3 | 借金の有無について確認をする

負債の有無を知らないと子にも責任が

親に借金がある、というのもあり得ない話ではありません。

　借金を残したまま親が死亡した場合、借金は相続人が引き継ぐことになります。プラスの資産より借金のほうが多いと相続人は借金を返さなければなりませんが、**借金を相続したくないときには「相続放棄」という手続きをとることができます。**借金も、プラスの資産（預金や自宅など）も、すべて放棄するというものです。

　また**プラスの資産の範囲内で負債を引き継ぐ「限定承認」という手続きもあります。**プラスの資産が2,000万円、負債が500万円あった場合、限定承認なら実質1,500万円を相続できることになります。

　相続放棄も限定承認も、相続の開始があったことを知ったときから3カ月以内に手続きする必要がありますから、頭に入れておきましょう。3カ月を過ぎてから思ってもみなかった借金が発覚すると大変なことになりますから、もしも借金を抱えている様子があるならしっかり確認しておくのが賢明です。

> コラム
> # 気になるシニアの暮らし①
> 病院に行く頻度と1カ月のお小遣い

● 1カ月に病院・診療所に通う回数は？

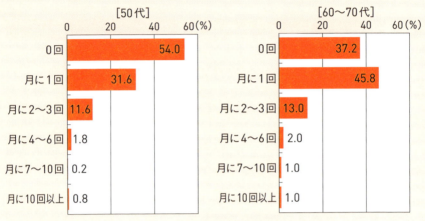

50代では半数が「0回」なのに対し、60〜70代では約63％が月に1回以上、病院などを利用している。

● 月々のお小遣い・自由に使えるお金はいくら？

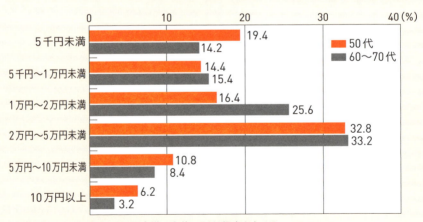

最も多いのは2万円〜5万円未満で全体の33％程度を占める。
ただし60〜70代では約55％が2万円未満。

(2016年度 ソニー生命保険株式会社「シニアライフ調査データ集」資料より。全国の50代から70代の男女に、2016年11月、インターネットで調査。有効回答数1000)

第3章

お金以外に聞いて
おきたいこと

—— エンディングノートをつくる

「家族に迷惑はかけたくない」「お葬式にあの人は呼ばないで」など、もしもの時のことも聞いておきたいもの。病気になったらどうしたいか、ペットや遺品はどうするかなど希望を整理し、エンディングノートに記しておきましょう。難しく考えなくても大丈夫です。親から聞き取り、子が記していくのもいいでしょう。

この章のポイント

1 エンディングノートを
つくっておく

2 エンディングノート必須項目〈その1〉
「病気になったらどうするか」

3 エンディングノート必須項目〈その2〉
「葬儀のために準備している
ことや希望はあるか」

4 エンディングノート必須項目〈その3〉
「ペットや遺品はどうするか」

5 資産に関することをメモしておく

事例

叶わなかった幼なじみとの再会

　日本舞踊やお茶を習い、お友だちが多かった植田さん（48歳・仮名）の義母。植田さんは三男の嫁で、義母は長男夫婦と同居していました。

　食欲もあり1人で外出もしていた義母でしたが、突然体調を崩し、病院へ。検査の結果、病状は重く即入院となりました。家族はいつ何があってもおかしくないと医師から説明を受けました。

　家族は毎日、交代で病室を訪ねましたが、義母は次第に元気をなくしていきました。植田さんがそれとなく会いたい友だちはいないかと尋ねると、近所に住む幼なじみ二人の名前があがりました。

　お二人とも高齢のため、植田さんはそれぞれの家の方に事情を話して許しをいただき、自身が送迎してお見舞いをお願いしようと考えました。しかしそれを長男夫婦に話すと、やんわりと否定されました。高齢の人を連れ出すと家の方に迷惑がかかるし、元気がなくなった母を見て悲しまれると気の毒であること、また入院していることが周囲に知られると見舞い客が増えたり、様子を聞かれたりして、何かと負担になるというのが理由でした。社交的な義母ゆえ、体力が落ちているときでも友人たちに気を遣い疲れてしまうのではないかという配慮もありました。

　いわれてみれば、たしかにそうかもしれない……。でも、義母は口には出さずとも、お別れの時が近いことを悟っているのではないか。だからこそ、そのお二人に会いたいのではないか。

　植田さんが決断できぬまま、義母の体調は悪化し旅立ちました。

　どれが正解というわけではありませんが、確かなのは、本人の意思が尊重されるべきということでしょう。

　植田さんは、「私なら」と前置きしてこう話します。

「わがままが許されるなら、大切な友だちに会いたいです。悲しませるかもしれないけれど、いつかまた天国で会えるからそれまで元気でいてね、ありがとうとお礼をいってさよならしたい。私が見送る側だとしても、何も知らずにお別れになってしまうのはつらい。ありがとう、いつかまたといってあげたい」

自分なら誰に会いたいか。

どんな葬儀をして、どこに眠りたいか。

大切な宝物を誰に譲りたいか──。

そういった想いを明らかにしておけば、その人の想いが遂げやすいですし、家族も判断がしやすくなります。

自分が他界したあと、法的な手続きなどで家族が困らないようにしておくというのも、尊い真心といえるでしょう。

自分の願いを知ってもらう。大切な人の望みを知っておく。

旅立つ人、見送る人の双方にとって重要なことと思います。

1 | エンディングノートを つくっておく

大事なことから少しずつ。家族が書いてもいい

　エンディングノートとは、自身の交友関係や関係各所の連絡先、資産などの情報のほか、**病気になったときや他界したときに遺族などに望むこと、してほしいことについて書き記しておくもの**です。書店には記入式のエンディングノートがたくさん並んでいます。

　「終活」という言葉も身近になり、エンディングノートを手にする人も多いようですが、よく聞かれるのが、「買ってはみたものの、いつか書こうと思って放置したまま」「いざとなると書けない」といった声です。

　意気込んだものの時間がなかったり、よくよく考えて書くと身構えてしまったりするようですが、一度に書こうとせず、**書けるところから少しずつ書いていく**といいでしょう。必ずしもすべて書く必要はなく**大事だと思うところだけ書く**、という姿勢でいいと思います。**自分で書くのが難しい場合は、親子で話しながら進めていく、親からそれとなく意思を聞いて子が書き進めるという方法もあります。**

　Jさんは母親と買い物で本屋に立ち寄った際、母親がエンディングノートの前で立ち止まり、「前から気になっている」というので、その場でプレゼントしたそうです。「自分で書けるところは時間をみつけて書いてもらい、難しいところは帰省の都度、一緒に考えな

がら書くのもいいねといってあります」

　対してKさんは、父の分、母の分のエンディングノートを用意し、日頃のおしゃべりのなかで知り得たことを書き込んでいます。「気まぐれでいったのか、本心なのか、姉妹が読んで判断しやすいよう、いつ、どんなシチュエーションで話したのかも書き添えています」

　このお二人のように、**気軽な気持ちで書きはじめてみてはいかがでしょうか。**

子世代もパートナーや子どものために書く

　市販されているエンディングノートには自身の生い立ちや思い出、家系図など、内容が豊富なものがあり、より充実したノートになると思いますが、項目が多いと負担に感じます。**書き込むのは必要最小限にとどめて、ほかにも書き残したいことがあれば加えるようにすると、気軽にはじめられます。**市販のエンディングノートを買わず、必要なことを気に入ったノートに記しておくというやり方でもいいでしょう。

　ここでは親世代のエンディングノートを作成するという前提で話を進めますが、私は高齢の親世代だけではなく、支える子世代にもエンディングノートの作成を意識していただきたいです。あなたの情報や想いを記しておけば、あなたのパートナーやお子さん、兄弟姉妹が困らずに済むはずだからです。

　自分の意思を伝えるため、また家族が困らないようにするために記しておきたい項目をご紹介します。

この章の最後に付録1「『身近な人が元気なうちに聞いておきたいこと』リスト」(85ページ参照)としてまとめましたので、お役立てください。

2 エンディングノート必須項目〈その1〉
「病気になったら どうするか」

もしもの時、会いたい人、知らせてほしい人は誰か

　仲のいい友人やちょっとした知人、趣味のお仲間、お世話になった方など、ひとくちに交友関係といってもさまざまな人がいます。

　入院した際などに会いたい人はいるか、お付き合いはあっても実は苦手な人はいないかなど、本人でなければわからないこともあります。そこで、「療養（入院など）していることを知らせてほしい人」「亡くなったらすぐに知らせてほしい人（葬儀に来ていただきたい人）」「葬儀が終わって落ち着いたら知らせてほしい人」に分けて知人の連絡先などをまとめておいてもらうと便利です。

　同窓会のメンバーやサークルのお友だちなどは、「この人に連絡すれば仲間に知らせてくれる」という**代表的な人の連絡先を書き記しておけばいいでしょう。**

延命治療をするかどうか

　治療しても回復が見込めず、死が近づいている状態を「終末期」といいます。

　飲食ができなくなった際に胃ろうをするか（胃に小さな孔をつくり、直接、流動食を入れる。終末期だけでなく、回復を見込んで一時的な措置として行

うこともある)、呼吸状態が悪くなったので人工呼吸器を付けるか、心肺停止状態になった際に人工呼吸や心臓マッサージで蘇生を試みるか、といった判断が必要になります。

最も重要なのはいうまでもなく本人の意思ですが、本人は意識障害や認知症などで意思表示ができないこともあります。その場合は家族が本人の意思を推測したり、家族が医師などと話し合ったりして決めることになりますが、「延命治療をして回復の可能性を探りたい」「これ以上苦しい思いをさせたくない」など、家族の中で意見が衝突することも考えられますし、判断が正しかったか、あとから心細くなることもあります。

本人の意思を尊重するため、また家族が必要以上に思い悩むことがないように、終末期にどのような医療を受けたいか、確認しておくことが大切です。

最近はがんも治る病気になってきており、本人に告知するケースがほとんどです。とはいえ、病状を詳しく知りたいか、余命も知りたいかなどは、個人によって異なります。**延命治療を望むかどうか、痛みや苦痛をとり除く緩和ケアを希望するかも、エンディングノートに記しておくと安心**です。

延命治療を望むかどうかについては、自分の命が不治かつ末期であれば延命治療を施さないでほしいと宣言することもできます。一般財団法人日本尊厳死協会（URL: http://www.songenshi-kyokai.com/）では、入会者に対して「尊厳死の宣言書」を発行し、保管してくれます。

高齢になった親だけではなく、子世代も、**自身はどうしたいかを考えておきたいもの**です。

第3章／お金以外に聞いておきたいこと　71

3 エンディングノート必須項目〈その2〉
「葬儀のために準備していることや希望はあるか」

葬儀、戒名についての希望を聞く

　最近は葬儀を簡素化する人も増えているようです。**自身の葬儀をどうしたいか、聞いておきましょう。**

　まずは**葬儀をしてほしいか、してほしくないか**。葬儀をする場合、密葬や家族葬、経営者などでは社葬という選択肢もありますから、**希望する様式も聞いておきたいもの**です。

　仏教の場合、戒名をどうするかで遺族が迷うことがあります。戒名とは仏の弟子になったことを表す名前で、墓石や位牌に記されます。戒名を付けてもらう際のお布施は20万円というところから100万円を超えるところまで、寺院によっても異なるほか、「信士・信女」「居士・大姉」「院信士・院信女」「院居士・院大姉」の順にランクが上がり、金額が高くなるのが普通です。

　「たくさんお布施を出せないけれど、低いランクにするのは忍びない」「本人が恥ずかしくないように高いランクにしたほうがいいのか」など、遺族としてはかなり悩むところです。あらかじめ親に希望を聞いておけば迷うこともなく、精神的にも負担がないといえます。最近では戒名はいらないという人もいるようです。

　私は母が亡くなった際、父と同じランクにしないと不自然だという親類の意見もあって同じランクの戒名にしていただきました。そ

れはそれで納得できるものでしたが、本人の希望を聞いておくのが最もいい方法でしょう。

遺影の候補写真を選んでおく

葬儀の準備はなにかと大変ですが、大事なことのひとつに遺影選びがあります。

小さめの顔写真でも引き伸ばして遺影にすることはできますし、背景を加工してもらうこともできますから、その人らしい良い写真を選びたいものです。

私も家族で母の写真を選びましたが、後日、仏壇の引き出しから「遺影に使ってください」とメモを付けた写真が数葉出てきました。この中から家族でいいものを選んでほしいということだったのだと思い、気づくことができなかったことを残念に思うと同時に、少し切なくなりました。特別、準備が行き届いている人でもなかった母がそうしていたのですから、遺影について考えている人は多いのだと思います。

とはいえ、**「遺影はどれにする？」とはなかなか聞けませんから、本人が気に入っている写真を覚えておくといいでしょう。**

Lさんはある時、父親が兄弟で旅行に行った時の写真を見せられました。とてもいい表情の写真があったので、「これ、私にも頂戴」といってプリントしてもらい保管しているそうです。

Mさんは、義理の父母と旅行に出かけた際、観光地で夫と4人で撮った写真が姑の遺影に使われました。遺影を見るたび、旅先でのことが思い出され、親孝行したことをちょっぴり誇りに感じるとい

います。

　特別な時間でなくとも、何気なく機をみてたくさん写真を撮って
おくのもよさそうです。

葬儀の演出、メッセージはどうするか

　最近は葬儀の際に故人が好きだった音楽を流したり、趣味で制作
した作品を展示したり、家族との写真を飾ったりと、個性的な演出
をしている例も少なくありません。**故人が望むようにしてあげられ
れば、故人のみならず、見送る側にも慰めになります。**さり気なく
希望を探っておくのもよさそうです。

　上手に聞き出すには、印象的だった葬儀の話をしてみるのも手で
す。「知人の葬儀に参列したら、明るい色のお花が大好きだったお
母さまを偲んで、ピンク色の華やかな花祭壇で見事だった」「合唱
団のお仲間がお別れの曲を唄われた」など、具体的な話をすると、
「私は……」などとお話しされるかもしれません。

　香典返しの品に添える会葬礼状は決まった文面に故人や喪主の名
前を入れて作成するのが主流ですが、故人の思い出などを織り込ん
で文章を綴られた方もいます。司会者がその文面に目を留め、葬儀
の最後に読み上げてくれることになり、会葬者の多くが感じ入って
くれたといいます。

　司会者によると、故人が生前に自ら用意した文章を会葬礼状とす
る例もあるそうです。

　私は自分の言葉で家族や友人にお礼をいいたいので、メッセージ
をつくっておこうと思います。**時間を経ると想いも変わっていくと**

思いますから、1年に1度程度、見直すのもいいですね。文章の形式にこだわらず、**会葬者に伝えたいことがあれば、簡単でもいいのでエンディングノートに記しておく**といいでしょう。

どんなタイプの骨壺が好みか

　骨壺も自身で選んでおくことができます。

　さまざまなタイプがありますので、「花柄がいい」「故郷の焼き物がいい」など、希望があれば記しておきます。最近は、土に帰りたいということで、木の骨壺にされる方も多いようです。

　私は**元気なうちに自身の骨壺を用意しておきたいと思っています**。九谷焼の骨壺や大理石の骨壺などもあり、インターネットで購入することもできます。お手頃なものでは1万円台からありますし、凝ったものでも3万円台くらいで買うことができます。オーダーメイドもできるので、家族が私らしいと思ってくれるような、少し笑顔になってくれるような骨壺をつくっておこうと思います。

互助会に入っていないか確認する

　自身のお葬式に備えて、互助会に加入している人も少なくありません。**互助会とは、毎月一定の額**（1,000～5,000円程度が一般的なようです）**を積み立てたり、まとまった金額を一括払いして、結婚式やお葬式の費用に充当できるというもの**です。会員は料金が割引になるなどのサービスも受けられます。

　Nさんの父親は事あるごとに「自分が死んでも葬式はいらない。

家族で見送ってくれればいい」と口にしていますが、60代から互助会に加入しています。「本格的な葬式をしなくても、何かとお金がかかるだろうから」というのが理由のようですが、息子のFさんは、父親がよもや互助会に入っているとは想像していませんでした。

　互助会に加入していても、加入していることを遺族が知らなければ利用できません。証書などがあるはずですから、これも確認しておきましょう。積み立ては銀行口座からの引き落としがほとんどなので、預金通帳を確認するのも手です。
　私の母も民間会社の互助会に加入していましたので、その会社が運営する葬儀場で葬儀を執り行いました。葬儀代は割引価格が適用されますが、四十九日の法要は通常価格となり、割引を受けるには親族のいずれかが加入する必要がありました。急遽、家族が加入し、利用料を抑えることができましたが、とっさのことで判断に迷うケースもあるかと思います。**先にサービスの内容やしくみなどを知っておくとよさそう**です。

永代供養墓や自然葬など……お墓をどうするか

　お墓についても家族で話をしておきましょう。
　先祖代々のお墓がある菩提寺があれば、葬儀などの仏事を依頼し、そこに納骨するのが一般的です。しかし最近では菩提寺にある墓を「墓じまい」して、別のお寺にお墓を建てるケースも増えています。子どもがいなくてお墓を守っていく人がいない、遺族が遠方に住んでいて管理ができないといった事情があるためです。実家があれば帰省の都度お墓参りすることもできますが、両親亡きあと、

図3-1：お墓の選択肢

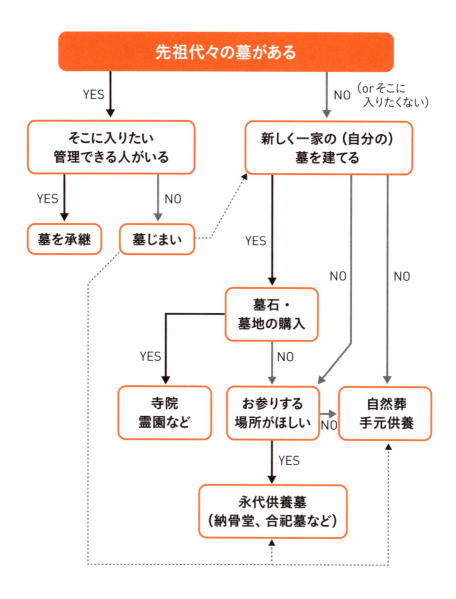

第3章／お金以外に聞いておきたいこと　77

お墓参りのためだけに帰省できるか、自身が高齢になったらどうかなど、**先々のことも想定し、家族の考えを確認しておく**といいでしょう。

墓じまいするケース、また先祖代々のお墓に入りたくないケース、親が長男でなくお墓がないケースでは、どこに納骨するかを考えておきましょう。

新たにお墓を建てる場合、寺院や霊園に墓地、墓石を購入するという選択肢があります。都心では300万円程度から、郊外では200万円程度からが目安となります。

お参りする場所はほしいが管理は難しいという場合は、「永代供養墓」という選択肢もあります。33回忌、または10回忌までは個別供養、以後は合葬されるのが一般的で、納骨堂や合祀墓などがあります。納骨堂は20万円程度からが目安です。

お墓を持たない、「自然葬」という方法もあります。遺骨を海に撒く散骨（日本海洋散骨葬情報センター　URL: http://sankotsu-center.net/）、遺骨を埋めて木を植える樹木葬（各地域で墓地として許可を得た場所でしか埋葬できない。「埋火葬許可証」が必要）などで、少量の遺骨をペンダントや小さな骨壺に納めて供養する「手元供養」と併用する人も多いようです。

4 エンディングノート必須項目〈その3〉
「ペットや遺品はどうするか」

ペットの引き取り先を探しておく

　犬や猫などのペットがいるなら、**飼い主が先に亡くなった場合にペットをどうするかも考えておく必要があります。**

　家族が引き取る、飼ってくれる人を探す、動物愛護協会に委ねるなどの選択肢があります。その際、飼育の費用をどうするか、かかりつけの獣医についての情報も記しておくと安心です。

　またペットが亡くなった場合についても考えておき、庭に遺骨を埋葬する、ペット専用の霊園に埋葬するなど、**方針を決めて必要な費用を確保しておきましょう。**

パソコンや携帯電話はプライバシーに配慮

　パソコンを利用している場合は**契約しているプロバイダなどをメモしておきます。亡くなったあとは解約の手続きが必要で、怠ると利用料金がかかり続けます。**

　携帯電話（スマートフォン）も解約の手続きが必要です。

　パソコンや携帯電話には、メールや通話履歴などプライバシーに関わる情報が入っています。携帯電話は通信会社がデータを含めて処分してくれます。パソコンは使いたい人に譲るということもあり

そうですが、パスワードを入力しないと使用できないものもありますから、**必要に応じて情報を残したり、プライバシーを確保したりする方法を考えておきましょう。**

手紙や日記帳は誰がどう処分するか

　作家の未完成の作品や、歴史上の人物の書簡などが公表されることがあります。資料性が高いものがあったり、ファンやマニアには嬉しいことだったりするのかもしれませんが、故人はどう思っているのかなぁと考えてしまいます。

　日記や手紙はあくまでプライベートなもの。**家族にも見てほしくないと思うなら、「読んだりせず、そのまま処分してほしい」旨を記しておく**といいでしょう。

　Oさんの義父はスケジュール帳にその日の血圧や脈拍数とともに、メモ程度の日記を書きつけていました。「今日は孫が来てくれて楽しい時間を過ごした」「体調が悪い。そろそろお迎えがくるのか」など、家族にとっては嬉しいものも切ないものもありましたが、読めてよかったと思ったそうです。

遺品について〜誰に何を遺し、何を処分してほしいか〜

　遺品整理も遺された家族の大切な仕事です。判断に迷ったり、処分に困ったりしないよう、ある程度、意思を確認しておくのが望ましいといえます。

　時計や貴金属など、特定の人に譲りたいものがあるのなら、**「誰**

に、何を譲りたいか」を記しておきます。

　洋服やアクセサリーなど、故人が愛着を持っていたものについては、家族にとって処分しにくい心理が働きます。「遺してほしいもの（誰かに譲りたいもの）」を明確にし、それ以外は処分していいと書き記しておけば、遺品整理が進みやすくなります。

5 | 資産に関することをメモしておく

通帳や証書は記録と保管場所を分ける

　第2章ではお金に関して確認しておきたいことについて述べましたが、エンディングノートにも記録しておきましょう。

　保有している預貯金、株式などの金融財産については、金融機関名や口座番号を記入します。

　自宅、その他の不動産については、所在地や内容を記入するほか、権利書や取得費（代金や諸費用など）がわかるものなどがどこに保管されているかも確認します。

　通帳や権利書などの保管場所を記しておくとセキュリティ面での不安があるので、大事なものがどこにしまってあるかは口頭で確認しておけばいいと思います。

　実印、金融機関の届出印などは通帳とは別のところに保管することを徹底し、どこにしまっているかを知っておきましょう。

　パスワードなどを記したメモの保管にも注意が必要です。高齢になると探し物が多くなるので、子世代が把握しておき、**「保管場所がわからなくなったら聞いてね」** と話しておくといいと思います。

　Pさんは離れて住む母親と保険について話した際、「通帳や保険証券の保管場所は（二世帯住宅で同居している）長男に伝えてあるから、もしものときは長男に聞いて」と伝えられました。しっかりした母だな、と嬉しく感じたといいます。

絵画や工芸品がある場合は、その内容も確認しておくと安心です。価値のあるものでも、聞いておかないと、家族にはその価値がわからないということもあるからです。どこで入手したかを聞いておけば、情報を得たり売却したりする際に役立ちます。

　貸付金についても、貸した相手と連絡先、金額、返済条件、返済状況などを記録しておきます。

　借金がある場合はその内容、保証人になっている場合はその内容も明らかにします。場合によっては、知った時点でなんらかの対応が必要かもしれません。

　クレジットカードも死亡後は解約の手続きが必要ですから、カード会社名や連絡先、カード番号を確認し、記しておきましょう。

年金～職歴などの情報を確認しておく

　年金を受給していた人が亡くなると、年金事務所に死亡したことを届け出る必要があります。年金手帳やねんきん定期便などがあれば「基礎年金番号」がわかって手続きがスムーズですが、**もうひとつ、確認しておきたいのが「職歴」です**。

　いまも明らかになっていない加入記録があり、死亡を届け出ると、「浮いている記録のどれかに該当しないか」を調査するため、故人の職歴を尋ねられるのです。

　私の母は金融機関に勤めていたことがありました。その職歴も反映されて正確な年金が支給されていましたが、母の年金記録が正しいか、何か間違いがないかを確認するため、職歴を申告させられました。母は享年86。銀行に勤めていたのは昭和23年頃で、いまの銀行とは名称が異なります。私も記憶があいまいだったため、若

第3章／お金以外に聞いておきたいこと　83

干、手間取ってしまいました。余計な手間をかけないためにも、職歴を書き出しておくといいでしょう。

付録1 〈エンディングノート〉

「身近な人が元気なうちに聞いておきたいこと」リスト

●記載しておく項目

葬儀施行者	決めている（　　　　　　　　　　　　　　　　　　　）
	決めていない
葬儀費用	ある・予算（　　　　　　　　　　　　　　　　）万円
	なし
生前予約	ある・締結先（　　　　　　　　　　　　　　　）
	なし
写真	ある・保管場所（　　　　　　　　　　　　　　　）
	なし
戒名	希望（大姉といった言葉を入れるかなど）
	いらない
骨壺	ある・（サイズ　　　　　色　　　　　　　　　）
	なし
お別れの言葉	ある（どこに保管しているか）
	なし
備考欄	花を多くしたいなど　希望あれば
	棺に入れてほしいもの
	上にかける着物・帯の指定

第3章／お金以外に聞いておきたいこと　85

●知らせてほしい人リスト（入院時）

名前	電話	メールアドレス	関係	備考欄
(例)山田礼子	×××-××××-××××	rei@rei-yama.com	高校時代の友人	他 ○子、△子、×子に連絡を依頼

●知らせてほしい人リスト（葬儀連絡）

名前	電話	メールアドレス	関係	備考欄
(例)西中太郎	×××-××××-××××	nshi@nshi.com	長男	他 ○子、△子、×男に連絡を依頼

●知らせてほしい人リスト（葬儀後）

名前	電話	メールアドレス	関係	備考欄
（例）矢野貞子	×××- ××××-××××	yano@yanoi.com	自治会会長	他 クラブに連絡を依頼

●私の財産

種類	金融機関・支店名	内容	備考欄
（例）預金	あけぼの銀行さくら支店	定期預金	
（例）年金	ほんわか生命保険会社	終身年金	
預貯金			
有価証券			
保険			
貸金庫			
不動産			
職歴			
基礎年金番号			

第3章／お金以外に聞いておきたいこと　87

●パソコン・携帯電話

パソコン	契約先
携帯	契約先

●遺言・相続、専門家連絡先

	事務所名	連絡先	担当者名	電話	メールアドレス
弁護士					
税理士					
遺言執行人					

●ペットのこと

ペットの名前	
性別・生年月日	
フード	
病歴	
避妊手術の有無	
かかりつけ医（連絡先）	
飼育の依頼先（①）	
飼育の費用（②）	
ペットが亡くなったらどうするか（③）	

①○○さんが飼ってくれる／新しい飼い主を探してほしい／動物愛護協会に委ねるなど
②現金で残している／保険金の利用など
③ペット墓へ埋葬など。費用についても記載

第4章

相続でもめない、
苦しまないために
知っておきたいこと、
できること

相続税——「自分には縁がない」「その時がきたら考え
ればいい」と思っていませんか？　「争族」という言葉が
あるように、仲のいい家族でも相続では問題が生じが
ちです。相続税はかかりそうか、どんなことを考えておく
べきか、基本的な知識をおさえておきましょう。元気な
うちにしておけることはたくさんあります。

この章のポイント

1 相続の基礎の基礎を知る

2 相続税に苦しまないために
いまできることをする

事例

母の相続への想いを尊重する遺言書

明宏さん（55歳・仮名）は、父を亡くした同僚・Aさんから気になる話を聞きました。

Aさんは3人兄弟の末っ子で、母はすでに他界し、父は長男一家と同居。父は重い病気を患い、長男一家が長い間、看護、介護をしてきたそうです。Aさんも次男も、「実家は長男が相続するのがあたり前。金融資産はほとんどないので、自分が相続するものはない」と思っていました。しかし父の死後、Aさんの妻が黙っていませんでした。「主人にも相続の権利があるはず。お兄さんが自宅を相続するなら、うちはお金をいただきたいです」と主張したのです。

「そんな無理をいうような妻ではないのだけれど、教育費もかかるし、

住宅ローンもたくさん残っているから、少しでももらいたいと思ったらしい」と、Aさん。結局、父が自宅の修繕費用にと積み立てていたお金100万円程度を相続することで納得したそうですが、「兄弟にも義理の姉にも会いにくくなった」とAさんは話します。

　明宏さんはその話を聞き、同居する母に遺言書を書いてもらおうと考えました。
　多少の嫁姑問題はありますが、なんとか仲良く暮らしているのは、通院や買い物などの付き添いも欠かさず、健康管理も気遣ってくれる妻の努力が大きいと思っています。母もそれは十分承知しており、日頃から感謝の気持ちを口にしています。明宏さんには妹が2人いますが、母は相続についても自分なりに考え、「自宅は明宏に相続する」と皆に明言しています。
　明宏さんには1人、妹たちにはそれぞれ3人の子どもがいますが、母は計7人に対し、教育費を等分に援助してきました。妹2人は子どもが多い分、支援した額も多いので、母は妹たちに「それを相続の代わりと考えてほしい」と話し、妹たちもそれに納得しています。
　そんな母の考えを尊重し、また妹たちとの良好な関係を維持するためにも、母に遺言書を書いてもらって正式な手続きを踏んでおきたい……。明宏さんはそう考えたのです。
　妹たちにも話し、公正証書遺言を作成。「母も安心したようです。元気なうちに手続きしてよかったです」（明宏さん）

第4章／相続でもめない、苦しまないために知っておきたいこと、できること

1 相続の基礎の基礎を知る

お金持ちでなくても相続税対策は必要

　「うちは資産家ではないから相続税でもめたりしない」と思っていませんか？　実は**相続でもめるのは資産があるからではありません。あっても、なくてももめるというのが相続の実態です**。司法統計では、相続争いで調停に発展、成立した件数のうち、相続財産が1,000万円以下のケースが3割以上。1,000万円超〜5,000万円以下が4割強で、5,000万円を超えるケースは2割弱となっています。あればあるなりに、なければないなりにもめてしまうのです。

　たとえば父親名義の自宅に両親と長男一家が同居していたとします。父親が亡くなると、自宅の土地・建物を誰かが相続することになります。母と長男が相続できればいいですが、次男が「自分にも相続の権利がある」と主張してきたらどうなるでしょう。金融資産があれば、自宅は母と長男、金融資産はほかの兄弟といった具合に分けることができますが、金融資産がなければ次男が相続できるものがありません。自宅を売却してお金を分け合うか、自宅の権利の一部を次男にして家賃を払うといったことを考えなければならないのです。

　母や長男は「そんな無理な要求はしてこないだろう」と思うかもしれませんが、次男は「自分はローンを組んで家を買ったのに、長男は家がもらえるなんて不公平。相続が発生したときには何かしてもらえるだろう」と思っているかもしれません。次男がそう思わな

くても、次男の妻がそう考え、息子を通じて主張してくる可能性も
ありますし、経済状況が厳しくて本意ではないものの要求せざるを
得ないということもあるのです。

このケースでいえば、次男に遺すお金を用意しておく、遺言を書
いておくなど、早い段階から準備しておくことが重要です。

**「相続は争族」という言葉もあるように、仲のいい家族であって
も相続ではもめがちである**ことを肝に銘じておきましょう。

法定相続人は誰かを知っておく

相続について考えるために、基本的な知識を得ておきましょう。

まず**相続を考えるうえで大前提となるのが、法定相続人です。**

相続する人（亡くなった人）**を「被相続人」、相続を受ける人**（遺族
など）**を「相続人」といい、法律で定められた相続を受ける権利が
ある人のことを「法定相続人」といいます。**

法定相続人と、誰がどの程度を相続するか（法定相続分）は図4-1
のとおりです。

父、母、長男、次男の一家で父が亡くなった場合、配偶者である
母と、長男、次男の3人が法定相続人となります。もしも長男や次
男が亡くなっていれば、孫や曾孫が相続します。母の法定相続分は
相続財産の2分の1で、残り半分を子が分け合います。母が2分の1、
長男、次男が4分の1ずつです。

対して子どもがいない夫婦の夫が亡くなれば、妻と、夫の親が法
定相続人となります。妻の法定相続分は3分の2で、残りを親が分
けます。

親が他界していれば、法定相続人は妻と夫の兄弟姉妹（亡くなって

図4-1：法定相続人と法定相続分

順位	配偶者	配偶者以外の相続人	図
第1順位 子がいる場合 **子**	1/2	**子・1/2** 数人いるときは等分 子が先に死亡している場合は孫、孫も先に死亡している場合はひ孫	法定相続人 — 配偶者 1/2 子 1/4　子 1/4
第2順位 子なし、親ありの場合 **直系尊属**	2/3	**親・1/3** 数人いるときは等分	父 1/6　母 1/6 法定相続人 — 配偶者 2/3 子どもなし
第3順位 子なし、親なしの場合 **兄弟姉妹**	3/4	**兄弟姉妹・1/4** 数人いるときは等分 兄弟姉妹が先に死亡している場合は甥・姪（甥・姪が先に死亡している場合でも、甥・姪の子は相続人とならない）	父なし　母なし 兄弟姉妹 1/8　1/8　法定相続人 — 配偶者 3/4 子どもなし

いればその子）です。妻の法定相続分は4分の3で、残り4分の1を兄弟姉妹が分けます。

　配偶者が亡くなっている場合は子のみ、子がいなければ親、親もいなければ兄弟姉妹が法定相続人です。

「最低限これだけはほしい」という「遺留分」

　「介護をしてくれたこの子には法定相続分より多く相続したい」「まったく親孝行をしなかった子には相続したくない」といったこともあるでしょう。**法定相続分はあくまで原則、目安であり、それとは異なる割合で相続することもできます。**

　とはいえ、民法では、法定相続人それぞれに最低限の権利として**一定の割合で遺産の請求ができる「遺留分」を定めています。**

　たとえば法定相続人が配偶者と子どもの場合、配偶者の相続分は

図4-2：遺留分の割合

相続人	各相続人の遺留分割合	
	配偶者	その他の相続人
配偶者のみ	2分の1	―
配偶者と子	4分の1	4分の1を人数で等分
配偶者と親	3分の1	6分の1を人数で等分
配偶者と兄弟姉妹	2分の1	なし
子のみ	―	2分の1を人数で等分
直系尊属のみ	―	3分の1を人数で等分
兄弟姉妹のみ	―	なし

2分の1、遺留分は4分の1です。少なくとも4分の1の遺産を請求できるということです。

また、被相続人が望めば**法定相続人以外の人に遺産を譲ることもできます。これは「遺贈」といい**、自身に配偶者と長男がいて、その2人が法定相続人でも、苦労をともにした妹に遺産を遺したいといった場合に行うことが考えられます。**まったく血のつながりがない人へも遺贈できます**。ただし法定相続人以外に遺産を譲る遺贈では、**法定相続人が相続する場合と相続税の扱いが異なり、相続税の負担が重くなります**。

相続税はかかる？

「どう分けるか」とともに気になるのが、「相続税」です。

2015年に相続税改正が行われ、相続税の負担は重くなっています。実際に相続税がかかるか、どの程度かかるのかは、相続が発生した時点の相続税法や資産の価値によっても異なりますが、相続税のしくみについて大まかにおさえておきましょう。

相続税には「基礎控除」があり、基礎控除の額までは相続税はかかりません。

基礎控除は「3,000万円＋600万円×法定相続人の人数」で、法定相続人が配偶者と子ども2人の場合、3,000万円＋600万円×3人で、4,800万円。遺産総額が4,800万円なら相続税はかかりません。

さらに相続税にはさまざまな軽減措置があります。

代表的なのは「配偶者に対する相続税額の軽減」で、配偶者が相続する額が1億6,000万円以下、または法定相続分以下（子どもがいる場合、2分の1以下）なら相続税がかからないというものです。配偶者

図4-3：基礎控除額

基礎控除額＝3,000万円＋600万円×法定相続人の数

●例：法定相続人が配偶者と、子2人の計3人の場合
　基礎控除額は……3,000万円＋600万円×3人＝4,800万円

は財産をともに築いたり、維持したりしてきた存在であること、また配偶者を亡くしたあとの生活に配慮した特例です。

　ただし夫婦のいずれかが亡くなったときには配偶者控除が使えますが、2人目が亡くなったときには配偶者がいません（再婚していれば別）から、配偶者控除は使えません。最初に配偶者控除をフル活用して資産の多くを配偶者が相続すると、2回目（子のみが相続など）の負担が重くなるケースもありますから、分け方については先々のことも含めて検討することが大切です。

　もうひとつ大きいのが、「小規模宅地等の特例」（図4-4）です。

　亡くなった人の自宅の土地についての軽減措置で、同居していた配偶者や子どもが相続し、相続税の申告期限まで所有し、そこに住み続ける場合、330㎡までは土地の評価額が80％減額されます。土地の評価額が3,000万円でもこの特例を受ければ600万円に減額されます。居住用と事業用の土地が両方ある場合はあわせて減額の対象となり、合計で最大730㎡まで適用可能です。

　相続税がかかる場合は、相続が発生（被相続人が死去）**してから10カ月以内に税務署に相続税の申告をし、納税する必要があります。1日でも遅れると延滞税がかかりますから要注意**です。

　また相続税はかからなくても、配偶者に対する相続税額の軽減や

図4-4：小規模宅地等の特例の条件など

利用区分	条件	限度面積	減額割合
被相続人が居住していた宅地	①配偶者②同居親族が相続し、その後も住み続ける場合など	330㎡まで	80%
被相続人が所有する貸付用の宅地	相続人などが引き続き貸付事業を行う場合	200㎡まで	50%
被相続人が事業を営んでいた事業用宅地	相続人などが引き続き事業を行う場合	400㎡まで	80%

小規模宅地の特例などの**軽減措置を利用する場合、申告書にこれらの適用を受けようとする旨を記載し、相続が発生してから10カ月以内に申告する必要があります。**

2 | 相続税に苦しまないために いまできることをする

生命保険を利用して現金を上手に遺す

資産が多く、相続税対策を考える人も少なくないでしょう。

相続税には基礎控除があると述べましたが、そのほかに、**「死亡保険金等の非課税限度額」**があります。

亡くなった人が保険料を払っていた場合は保険金が「みなし相続財産」として相続税の対象になりますが、「500万円×法定相続人の人数」までの額は非課税で相続できます。法定相続人が配偶者と子ども2人なら、1,500万円まで非課税です。

使う予定がないお金があるなら、また相続に回したいお金があるなら、**生命保険に加入しておくことで有利に遺すことができます。**

生前贈与で相続財産を減らす

「生前贈与」という方法もあります。

生きている間に子や孫などに資産を贈与して相続財産を減らし、相続税を抑えるというものです。

資産を贈与すれば贈与税がかかりますが、さまざまな特例があり、それをうまく活用すると節税につながります。

贈与税には1人に対して110万円までの贈与が非課税になる「基礎控除」があります。たとえば父親が長男に年間110万円、次男にも同110万円を贈与しても、贈与税がかかりません。贈与する相手

図4-5：教育資金贈与と結婚・子育て資金贈与

	非課税金額	贈与者	受贈者の年齢要件	一括贈与できる期間
教育資金贈与	受贈者1人につき1,500万円（学校等以外のものは500万円まで）	直系尊属（親子間、祖父母と孫間など）	0歳以上30歳未満	2019年3月31日まで
結婚・子育て資金贈与	受贈者1人につき1,000万円（結婚に関するものは300万円まで）		20歳以上50歳未満	

は家族以外でもいいですし、金融資産以外でも構いません。

　「子どもが親の金をあてにするといけないので、子には黙って少しずつ贈与しておきたい」などと考える人もいますが、親が子の名義で通帳をつくって入金しそのまま通帳を管理していると、実質的には親の財産とみなされて相続税がかかる可能性があります。**贈与契約書を交わす、親の口座から子どもの口座に送金する、場合によっては110万円を少し超える額を贈与して贈与税を納める**（それでも110万円までは無税で贈与できる）**などの方法をとると安心**です。

　このほか、**「教育資金贈与」や「結婚・子育て資金贈与」という制度もあります。**

　教育資金贈与は親から子、祖父母から孫などへの贈与で、贈与される人は0歳〜29歳までが条件。1人につき1,500万円までを贈与できます。信託銀行に贈与する人（子や孫）名義の口座を開いて資金を預け入れ、教育にかかるお金を必要なときに引き出していくしくみ

です。ただし30歳になった時点で残高があると、その時点で贈与税がかかりますので注意が必要です。

結婚・子育て資金贈与は、結婚や子育てにかかる資金を一括して贈与するもので、信託銀行に専用の口座を開設して贈与します。50歳になった時点で残高があるとその時点で贈与税がかかりますので気をつけてください。

メリットもありますが、そもそも**教育や結婚、子育てにかかる費用は必要なときにその都度渡せば贈与税はかかりません。大学や留学でかかるお金など、そのときまで元気でいる自信がない場合に利用を検討する**、というのが現実的かもしれません。

いずれの制度も、口座を開いて一括贈与できるのは2019年3月31日までです。

2,500万円まで贈与税がかからない相続時精算課税制度

生前に資産を子や孫に渡したい場合に利用できる制度には、**「相続時精算課税制度」**というものもあります。

この制度は、贈与を受ける人、1人あたり累計で2,500万円まで贈与税がかからず、2,500万円を超える分にだけ一律20％の税率で贈与税がかかるというものです。将来、贈与した人が亡くなったときには相続する財産の価額に「相続時精算課税制度」で贈与した額を足し、相続税として精算します。

ポイントは、**2,500万円までは贈与税なしで贈与できる**、ということ。そして、それを含めた**相続財産が一定の額に満たなければ相続税もかからずに済む**、ということです。ただし財産の額などによっては利用しない方がいい場合もありますので、利用を検討する

場合は税理士などに相談するとよさそうです。

贈与する人は贈与する年の1月1日時点で60歳以上の父母または祖父母、贈与を受ける人は20歳以上の子や孫というのが条件です。

甘くないアパート経営

相続税対策として、賃貸用のマンションを購入する、所有する土地に賃貸住宅を建てる、といった方法もあります。しかし入居者が決まらず空室率が高いといったリスクもあり、相続税は安くなったものの建物のローンが払いきれないといった事態に陥る可能性もあります。

いいことばかりではないことを肝に銘じて、慎重に検討しましょう。

資産が多い場合、分け方が難しい場合などは、税理士に相談することも考えてみるとよさそうです。

家族みんなが納得する遺言書づくり

「相続のことで家族がばらばらになるのは避けたい」
「均等に相続するのが難しく、相続人同士がもめる可能性がある」
「介護してくれた娘に多めに遺産を遺したい」
「兄弟に遺贈したい」

そういったケースでは、遺言書を作成しておきましょう。

遺言書には「自筆証書遺言」と「公正証書遺言」があります。

自筆証書遺言とは本人が自筆で書くもので、パソコンなどで記したり、音声を録音したりするのは不可。日付、氏名を必ず記し、押印します。

図4-6：遺言書の種類と特徴

	自筆証書遺言	公正証書遺言
作成方法	本人が遺言の全文、日付、氏名等を自筆で記載し、押印する（認印可）ワープロでの作成や音声を録音したものは認められない	本人が口述し、公証人が筆記する。公証人が自宅や病院などに出向いての手続きもできる。実印、印鑑証明書、身元証明書、相続人等の戸籍謄本、登記簿謄本などが必要
メリット	・好きなときに1人で書ける ・費用がかからない ・秘密が守れる	・原本が公証役場に保管されるので紛失や改ざんの心配がない ・専門家が作成するので無効になりにくい ・検認手続きが不要
デメリット	・紛失や改ざんのリスクがある ・不備や、内容がわかりづらいなどで無効になることがある ・家庭裁判所の検認が必要	・証人が2人必要（公証役場で証人の手配を頼むこともできる） ・作成手続きが煩雑 ・作成費用がかかる

公正証書遺言は公証役場で作成するもの。公証役場とは、遺言や金銭貸借に関する契約、離婚に伴う慰謝料や養育費の取り決めなどについて、「公証人」が民法などの法律に基づいて公文書を作成する官公庁です。

公証役場に依頼し、本人が口述で遺言を述べ、公証人が筆記して遺言書を作成します。戸籍謄本や印鑑証明などの書類が必要など、手続きに手間も費用もかかりますが、**原本が公証役場に保管されるため失くしたり、書きかえられたりする心配がありません**。

Qさんは実姉から土地を借り受け、そこに一戸建てを建てて家族と暮らしていました。姉には子どもがおり（夫は他界）、姉の法定相続人は子どもであり、Qさんは法定相続人ではありません。子どもからすれば、「母の土地なのだから自分たちに権利がある」と考えても不思議ではありませんが、姉が他界したあと、相続についてもめることはありませんでした。

　姉が生前、「自身が他界したあとは弟に土地を遺贈する」という内容で公正証書遺言を作成し、Qさんにも、子どもたちにも、遺言書を渡して気持ちを伝えていたからです。早くからその意思を聞いていたため、子どもたちは何の不満も持たず、Qさんを叔父として大事にしてくれているといいます。

　遺言は、想いを形にしておくものでもあるのです。

相続手続きで困らないために

　このような例があります。

　大好きだった叔母が亡くなって四十九日法要を終えたあと、従妹からRさんに電話がありました。叔母が生まれ育った町は、いまもRさんが暮らす街。従妹は相続の手続きに必要な出生地の戸籍謄本を役場にとってきてもらえないか、というのです。

　Rさんは困りました。相続の手続きには法定相続人全員の同意が必要であり、法定相続人が誰なのかを特定しなければなりません。そのためには、亡くなった人が生まれてから亡くなるまでにつくら

れたすべての戸籍を入手する必要があるのです。

　戸籍は、転籍、法改正、婚姻などの都度、新しくつくられ、その前に抹消された情報は記載されません（子どもが結婚して別の戸籍になった場合、新しい戸籍には子が記載されないなど）。そのため、生まれたときから亡くなるまでにつくられたすべての戸籍が必要なのです。

　戸籍は本籍地のある市区町村に請求しますが、親の出生地がわからないと、どこに請求すればいいのかわかりません。高齢で兄弟も亡くなっているような場合だと聞く相手もいません。市町村合併している場合などは、よりわかりにくくなります。

出生地がどこだったか、そこからどう移り住んできたかなど、あらかじめ聞いておくと安心です。

> **コラム**

受け取る人にも配慮して保険を上手に利用する——「生命保険信託」

●一度にまとめてではなく、「受け取りやすい頻度で」

　相続を考える際、「特定の人に確実にお金がわたるようにしたい」と思う人は多いでしょう。とくに未成年の子どもや知的障害のある家族がいる場合には生活に困らないようにお金を遺したいものですが、その場合、**遺したお金を安全かつ有効に使えるような工夫もしておくと安心**です。

　相続では、相続人がまとまったお金を一度に受け取ることになるのが普通です。未成年や知的障害がある人、認知症の方ではお金の管理が難しいですし、高額な買い物を勧められたり、詐欺的な犯罪に巻き込まれる心配もないとはいい切れません。

　そうした**リスクを回避しやすい方法としてあげられるのが、「生命保険信託」**です。

　生命保険信託とは、生命保険契約と合わせて信託の機能を活用することで死亡保険金の受け取り方をきめ細かく設定できるものです。

　具体的には、本来、受取人に直接支払う死亡保険金を信託銀行が代わりに受け取り、受益者（保険金を届けたい人）に定期的に交付（支払う）します。

　たとえば障害のある子のために生命保険に加入し、信託契約を締結。誰に、どんなペースで（毎月、隔月、毎年など）、何年間、いくらずつ交付するか（渡すか）を決めておきます。

106

被保険者が死亡した際には、保険会社から信託銀行に保険金が支払われ、信託銀行はそのお金を管理、運用。契約に基づき、**定期的に、定額ずつ、保険金が交付されます。**

　保険金を受け取る人については、最初の受取人に加えて、後継の受取人を指定することもできます。

　妻に保険金を遺すために保険に加入する場合は妻を最初の受取人にしますが、妻が全額を受け取る前に亡くなった場合に備え、受け取っていない分を引き継いで受け取る次の受取人をあらかじめ指定しておくのです。「妻を献身的に介護してくれた嫁を第二の受取人にする」など、自身の意向に沿って保険金を遺すことができるわけです。

　存命中は受け取りのペースや金額などを変更することも可能です。

● 保険金額や費用を吟味して選ぶ

　生命保険信託を扱っているのは保険会社数社に限られます。

　契約できる最低保険金額や費用などは保険会社や商品によって異なりますが、ソニー生命（生命保険信託／とどける想い）の場合、契約は死亡保険金1,000万円から。終身保険（一生涯、保障が続くタイプ）ほか、定期保険（一定期間内、保障されるタイプ）にも設定できます。また終身保険と定期保険など、死亡保険金のある複数の商品を組み合わせて契約することもできます。

　すでに加入している保険について信託契約を結ぶことも可能です。

　次ページに加入の一例を示しましたが、受け取り方などは都合に合わせてアレンジできます。

図4-7：「生命保険信託」のしくみ（ソニー生命／「とどける想い」の加入例）

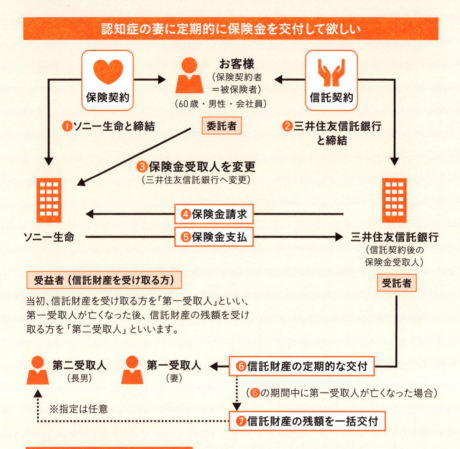

●被保険者60歳・男性・会社員の例
〈保険の内容〉
有期払込終身保険：500万円（保険期間は終身、保険料払込期間80歳まで）
無解約返戻金型平準定期保険：500万円（保険期間は20年、保険料払込期間20年）
保険料／合計34,545円（月払口座振替）
〈生命保険信託〉
第一受取人／妻　第二受取人／長男
第一受取人への信託財産の交付方法／隔月
信託期間／20年（信託財産の交付開始後）
費用／信託契約締結時5万円（消費税別）、死亡保険金受領時に死亡保険金額の2％相当額（消費税別。信託財産から収受）
※保険料などは2017年6月現在

第5章

亡くなった直後に
しなければならないこと

〜臨終から葬儀、四十九日法要まで〜

愛する人の臨終のあと、家族には、すべきこと決めるべきことがたくさん待っています。深い悲しみのなかで辛いことですが、時間は待ってくれません。「ああしておけばよかった」と後悔することがないよう、おおよその流れを頭に入れておきましょう。章の最後にまとめた全体の流れも参考にしてください。

この章のポイント

1 | 葬儀の準備、
各種書類の提出をする

2 | お通夜、葬儀、告別式をする

事例
近親者の他界に傷つく高齢者を
孤独にさせないために

　江里子さん（60歳・仮名）の母は95歳で他界。体調を崩して約1カ月後のことでした。

　子どもらが葬儀の準備を進めるなか、多くの親類や近所の人たちが弔問に訪れ、孫や曾孫も懸命に対応。そんななか、ポツンと一人ぼっちになってしまったのが、93歳になる父でした。

　父も高齢であるため、母の状態が思わしくないことを知ればショックを受けるはず……。そのような配慮から、闘病中も詳しい病状は話さずにいました。

　父の身体に負担がかかるのもよくないため、子どもたちが毎日見舞いに行くなか、父を見舞いに連れて行ったのは週に2度程度。父は、母が

しばらく療養すれば自宅に戻ると信じていたようです。

そんな父の寂しさに気づいたのは10代〜20代の曾孫たちでした。

父にとっては70年以上連れ添った伴侶との突然の別れ。家族が立ち働くなか、高齢の自分には何の役割もなく、ただただ喪失感に襲われていることを曾孫たちが察したのです。

そんななか、曾孫の一人が、葬儀会場に写真をコラージュして飾ることを提案。遺影探しで引っ張り出したアルバムを父に差し出し、一緒に写真選びをはじめました。

別の曾孫は老夫婦が一緒に楽しんでいた塗り絵を飾ることを思いつき、額縁を買いに、文具店へと誘い出しました。

「曾孫たちの優しい想いが父の孤独を救ってくれたような気がします」と、江里子さん。

葬儀場に飾った写真や塗り絵は、参列者が故人を思い出すきっかけにもなり、とてもいい演出になりました。いまも、仏壇のそばに飾ってあります。

第5章／亡くなった直後にしなければならないこと　111

1 | 葬儀の準備、各種書類の提出をする

臨終の際

　病院で臨終を迎える場合は、付き添っている家族（誰もいなければ病院）からほかの家族に連絡し、臨終に立ち会います。医師が死亡を確認すると、家族でひと時を過ごしたのち、看護師によって清拭(せいしき)などが行われます（家族は病室の外に出ます）。

　病室または院内の霊安室に安置されますので、家族は葬儀社や搬送専門の会社に電話し、遺体の搬送を依頼します。**自宅に搬送するか、斎場に搬送するかなど、あらかじめ家族で決めておくと慌てずに済みます。**

　自宅に搬送する場合は家族の誰かが先に自宅に戻り、安置する部屋を整えておきます。家族や親類が弔問することも考えて部屋を選び、ベッドやお布団などを整え、お線香なども用意します。親類など早急に伝えるべき人がいれば連絡をとります。

　病院が「死亡診断書」（図5-1）を作成しますので、それを受け取って、退院手続きをし、病院をあとにします。死亡診断書は医師または助産師が作成します。

　自宅で息を引き取った場合は、かかり付けの医師に死亡の確認を依頼し、死亡診断書を書いてもらいます。

　親類などが弔問に訪れることがありますが、対応が可能かをよく考え、場合によっては翌日以降にお願いするなどの選択肢もあるでしょう。

地域によっては親類やご近所にお手伝いをお願いするなどの慣習もあるようです。年長の方を頼るのもいいと思います。

死亡届を提出し、埋火葬許可証を受け取る

　死亡届は家族などが記入するもので、亡くなった人の氏名や生年月日、死亡した日時、死亡した場所、住民登録している住所、本籍地、配偶者の有無、世帯の職業、届出人（親族）の氏名などを記載します。書式は次のページの図5-1のとおりで、A3サイズ1枚の用紙の右が「死亡診断書」、左が「死亡届」になっています。

　死亡届は死亡の事実を知った日から7日以内（7日目が休日の場合は翌日まで）に届け出をしなければなりません。届け出先は、死亡した場所、死亡者の本籍地、届出人の住所地いずれかの市区町村役場です。届出人でなくても提出できるため、葬儀社が代行してくれることも多いようです。

　死亡届を提出すると、「埋・火葬許可証」を発行してくれます。この許可証がないと火葬ができません。

　夜間や土日祝日、時間外でも死亡届を受け付けてくれるところがありますが、そのときには埋・火葬許可証がもらえず、改めて発行してもらいに行く必要があります。

　また**死亡診断書は生命保険の受取や相続の手続きなどでも必要になりますので、何枚かコピーをとっておきましょう**。

第5章／亡くなった直後にしなければならないこと　113

図5-1：死亡届・死亡診断書の書式例

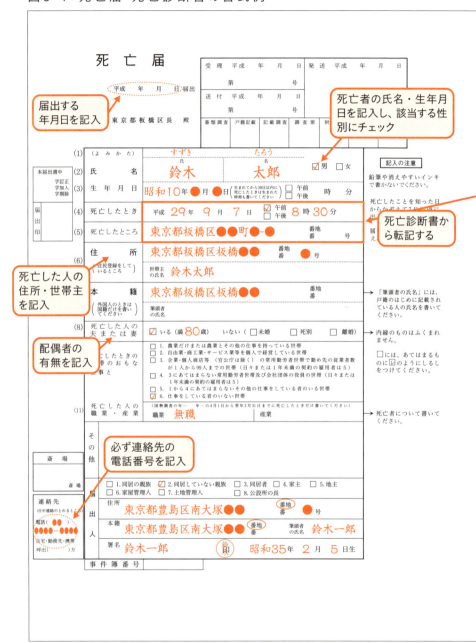

※A3サイズの1枚の用紙で、左半分が「死亡届」、右半分が「死亡診断書（死体検案書）」

死亡診断書（死体検案書）

> 死亡診断書は、医師または助産師しか記入できない。加筆・修正も不可

死亡診断書（死体検案書）は、我が国の死因統計作成の資料としても用いられます。かい書で、できるだけ詳しく書いてください。

					記入の注意

| 氏　名 | 鈴木太郎 | 1 男 ② 女 | 生年月日 | 明治 昭和 大正 平成　10 年　● 月　● 日
（生まれてから30日以内に死亡したときは生まれた時刻も書いてください）　午前・午後　時　分 | 生年月日が不詳の場合は、推定年齢をカッコを付けて書いてください。
夜の12時は「午前0時」、昼の12時は「午後0時」と書いてください。 |

死亡したとき　平成 29 年　9 月　7 日　（午前）午後　8 時　30 分

(12)(13) 死亡したところ及びその種別

死亡したところの種別　① 病院　2 診療所　3 介護老人保健施設　4 助産所　5 老人ホーム　6 自宅　7 その他

死亡したところ　東京都板橋区●●町●-●

施設の名称　板橋あんしん病院

> 「老人ホーム」は、養護老人ホーム、特別養護老人ホーム、経費老人ホーム及び有料老人ホームをいいます。

(14) 死亡の原因

◆Ⅰ欄、Ⅱ欄ともに疾患の終末期の状態としての心不全、呼吸不全等は書かないでください

◆Ⅰ欄では、最も死亡に影響を与えた傷病名を医学的因果関係の順番で書いてください

◆Ⅰ欄の傷病名の記載は各欄一つにしてください

ただし、欄が不足する場合は（エ）欄に残りを医学的因果関係の順番で書いてください

			発病（発症）又は受傷から死亡までの期間	
Ⅰ	(ア) 直接死因	胃癌	3年3カ月	傷病名等は、日本語で書いてください。 Ⅰ欄では、各傷病について発病の型（例：急性）、病因（例：病原体名）、部位（例：胃噴門部がん）、性状（例：病理組織型）等もできるだけ書いてください。
	(イ) (ア)の原因			
	(ウ) (イ)の原因			◆年、月、日等の単位で書いてくださいただし、1日未満の場合は、時、分等の単位で書いてください（例：1年3か月、5時間20分）
	(エ) (ウ)の原因			妊娠中の死亡の場合は「妊娠満何週」、また、分娩中の死亡の場合は「妊娠満何週の分娩中」と書いてください。 産後42日未満の死亡の場合は「妊娠満何週産後満何日」と書いてください。
Ⅱ	直接には死因に関係しないがⅠ欄の傷病経過に影響を及ぼした傷病名等			

手術	1 無 ② 有	部位及び主要所見　胃部分切除	手術年月日	昭和 平成　27 年 4 月 3 日	Ⅰ欄及びⅡ欄に関した手術について、術式又はその診断名と関連のある所見等を書いてください。紹介状や伝聞等による情報についてもカッコを付けて書いてください。
解剖	① 無 2 有	主要所見			

(15) 死因の種類

① 病死及び自然死

外因死　不慮の外因死｛2 交通事故　3 転倒・転落　4 溺水　5 煙、火災及び火焔による傷害　6 窒息　7 中毒　8 その他

その他及び不詳の外因死｛9 自殺　10 他殺　5 その他及び不詳の外因死

12 不詳の死

> 「2 交通事故」は、事故発生からの期間にかかわらず、その事故による死亡が該当します。
「5 煙、火災及び火焔による傷害」は、火災による一酸化炭素中毒、窒息等も含まれます。

(16) 外因死の追加事項

◆伝聞又は推定情報の場合も書いてください

傷害が発生したとき	平成　年　月　日　午前・午後　時　分	傷害が発生したところ	都道府県
傷害が発生したところの種別	1 住居　2 工場及び建築現場　3 道路　4 その他（　）		市区町村 郡
手段及び状況			

> 「1 住居」とは、住宅、庭等をいい、老人ホーム等の居住施設は含まれません。
傷害がどういう状況で起こったかを具体的に書いてください。

(17) 生後1年未満で病死した場合の追加事項

出生時体重	グラム	単胎・多胎の別	1 単胎　2 多胎（　子中第　子）	妊娠週数	満　週
妊娠・分娩時における母体の病態又は異状 1 無　2 有		3 不詳	母の生年月日 昭和 平成　年　月　日	前回までの妊娠の結果 出産児　人 死産児　胎 （妊娠満22週以後に限る）	

> 妊娠週数は、最終月経、基礎体温、超音波計測等により推定し、できるだけ正確に書いてください。
母子健康手帳を参考に書いてください。

(18) その他特に付言すべきことがら

(19)

上記のとおり診断（検案）する

診断（検案）年月日　平成 29 年　9 月　7 日

本診断書（検案書）発行年月日　平成 29 年　9 月　7 日

病院、診療所若しくは介護老人保健施設等の名称及び所在地又は医師の住所　東京都板橋区●●町●-●　番地 番　号

（氏名）　医師　安心 幸一　㊞

第5章／亡くなった直後にしなければならないこと　115

死亡届

- **いつまでに？**：死亡の事実を知った日から7日以内
- **誰が？**：亡くなった人の家族など
- **どこに？**：死亡した場所、死亡者の本籍地、届出人の住所地
  いずれかの市区町村役場
- **必要なものは？**
  - ・死亡診断書または、死体検案書、印鑑

  （死亡診断書と死亡届は、1対の用紙になっている）

  ※医師から「死亡診断書」を受け取った後、死亡届を提出すると「埋・火葬許可証」が発行される。この許可証がないと火葬ができない

  ※届出人でなくても提出できるため、葬儀社が代行してくれることが多い

  ※死亡診断書は生命保険の受取や相続の手続きなどでも必要になるため、何枚かコピーをとっておく

通夜や葬儀の日程を決め、準備をする

家族は通夜や葬儀の準備にとりかかります。

喪主は世帯主、配偶者が普通ですが、高齢の場合などは長男や長女が務めることもあります。

通夜や葬儀を葬儀社に依頼する場合は見積もりをとります。

互助会などに加入している場合はそこへ、とくに決まったところがなければ葬儀社を選びます。葬儀の場所（菩提寺か、斎場か、自宅など）や弔問客のおおよその人数などを伝え、見積もりを依頼。葬儀一式には祭壇飾りや棺、人件費などが含まれ、弔問客の飲食代や香

典返しなどは別途になることが多いようです。何が含まれるかを確認しながら検討しましょう。

複数の葬儀社に見積もりをとるのが望ましいといわれていますし、たしかにそのとおりですが、私自身の経験からいうと、慌ただしいなか、**現実的にはなかなか難しいのではないかと思います**。日頃、ご近所などで葬儀社の話が出た際には評価をよく聞いておくといいですし、**機会があればあらかじめ情報を集めておく**といいでしょう。

葬儀社がお寺や葬儀場、火葬場などの日程を調整し、候補となる日を提示してくれますので、その中から日時を決めます。

日時、場所が決定したら関係先にお知らせします。この時、**エンディングノートに知らせるべき人が書かれていると、連絡先の確認に奔走することなく、大変重宝します**。あとは必要に応じて家族の関係先に連絡すればいいので、迷いなく、お知らせができます。

葬儀社などで斎場の住所や地図が記載された案内状を作成してくれますので、それをファクシミリなどで送ることもできます。

相手によってはいろいろと尋ねられ、時間も労力もかかることがあります。「手短にご報告させていただきますが……」とお許し願いながら、簡潔にお知らせしたいものです。**同級生などは中心的存在の方やとくに親しかった方に連絡し、ほかの方々に伝言していただけるようお願いできれば家族の負担は軽減されます**。

また葬儀のあと、火葬場へは親族など近しい人が同行するのが一般的です。マイクロバスでの移動、精進落としの準備も必要ですから、どなたがいらっしゃるかを確認し、人数を確定させます。手間と時間がかかる作業ですから、係を決めて段取りよく進めます。

第5章／亡くなった直後にしなければならないこと　117

供物や供花、係員を決める

　供物や供花をどうするかも家族で検討します。子はそれぞれ供花を出すか、子ども一同とするか、子と孫は一緒にするかなど、慣習どおりにする、年長者に相談するというのもいいでしょう。

　私の母方の親戚では、姪甥は一同で供花、お香典はいくらなど冠婚葬祭のルールを決めています。LINEグループをつくり、情報も一気に伝わるようにしているので、連絡もスムーズです。

　親類や勤務先などから供物や供花のお話をいただいた場合の対応についても決めておきましょう。葬儀社に直接連絡していただくケースもありますし、家族が承るケースもあります。何を、どなたの名前でお受けするか間違いのないようにします。

　同時に考えたいのが、係員です。受付やお香典の管理、地域によっては駐車場の案内なども関係者に依頼する例があります。親戚、喪主の友人など誰にお願いするかを検討し、依頼します。

　供物や供花の代金を誰が頂戴するかも決めておきます。親類のいずれかが担当する、受付係にお願いするなどの例があります。

喪主の挨拶、遺影を準備する

　通夜や葬儀・告別式では、喪主や親族が挨拶をします。誰が行うかを決め、ご挨拶の内容を検討しておきます。

　遺影は家族が提供した写真を葬儀社で加工し、作成します。これも故人が生前に選んでいれば迷うことがありません。決まっていなければ本人のアルバムや、家族のアルバムからこれはと思うものを持ち寄り、みなで選びます。故人の人柄が偲ばれるような、温かい

ものがいいでしょう。

　通夜や葬儀で弔問客にお渡しする返礼品は、カタログなどから予算や土地柄などに合わせて選びます。

　会葬礼状の文面をオリジナルのものにしたい場合は、葬儀社に申し出ます。

お金や式服を用意しておく

　葬儀社に**どのタイミングでお金を支払うか、葬儀社に確認しましょう。ご住職へのお布施や交通費、関係者への心付けなどは、すぐに必要ですから、現金を用意しておきます。**

　ついあと回しになってしまうのが、式服の準備です。

　体形が変わって着られなくなった、黒い靴下がない、ワイシャツがくたびれているなど慌てることも少なくありませんので、早めに確認しておきましょう。

弔問客の記録を忘れずに

　ご遺体を自宅に安置する場合、こうしたたくさんの作業に加えて弔問客への対応も必要です。お線香やお席、お茶の用意を整えます。お花など、お供えをいただいた場合には、後日きちんとお礼ができるよう、お名前といただいた品を記録しておきます。

　とにかく、**すべきことは山のようにあり、しかも時間は限られています。兄弟姉妹や孫など、なるべく多くの人数で動くのが望ましい**といえます。

　また悲しみを胸にしまった状態でさまざまな判断をしなければな

らないため、**喪主や近しい人はかなりのストレスを抱えます。些細なことで衝突することもありがちですが、イライラしたら一呼吸して、互いを思いやって穏やかに進めましょう。**

　Sさんは義母が亡くなった際、成人して間もない3人の姪にもあえてたくさんの用をいいつけました。「喪主側の人間として経験しておいたほうがいいことだし、自分なりに役割を果たして大好きなおばあちゃんを送り出すことが姪自身の慰めになると思いました」

親族が集まり、納棺をする

　ご遺体を棺に納めることを納棺といいます。
　仏式では葬儀社や納棺師が来て旅立ちの衣装である死装束に着替えさせ、親族はそれを見守ります。

　Tさんの義母は病院で亡くなったあと、長女夫婦と同居する自宅に戻りました。通夜の数時間前に納棺師が納棺の儀式を行うとのことで、家族が集合しました。義姉などが、生前、義母が気に入っていた着物や帯などを選び、準備を整えました。納棺師の指示に沿って、家族が順番に義母の手足を清めるなど、厳かに儀式が進み、いよいよお別れなのだと感じたそうです。
　ひとつ想定外だったのは、納棺師が死装束に着がえさせたことでした。家族は「何よりお洒落が楽しみだった母が死装束ではかわいそう」といい、お気に入りの着物を用意していたのに……。しかし止めていいのかもわからず、結局、納棺師に任せたままになり、用意した着物は、棺に納めました。

最近は死装束をせず、故人が好きだった服を着せることも増えているそうです。打ち合わせの際、葬儀社の人にあらかじめ伝えておくといいでしょう。

またUさんは義母が長年お世話になっていた美容師に死化粧をお願いしました。生前、その方に、「私が入院したら髪を切りに来てね。死化粧もあなたがしてね」と頼んでいたのを知っていたからです。納棺師の方にお話しし、儀式の前の時間に最期のメークをしたそうです。見守る家族たちは口々に「お母さん、喜んでいるね」といいました。**故人の望みを叶えることは家族の慰めにもなる。** Uさんはそう感じたそうです。

眼鏡や宝石といった貴金属やプラスチック類でなければ、棺には故人の思い出の品を入れることができます。手紙や写真などは葬儀後、出棺するときにも納められますが、**主だったものは、納棺のときまでに用意しておきましょう。**

納棺のあと、家族とともに斎場へ移動します。
地域によっては、自宅が留守にならないよう、親類や近所の方に留守番をお願いすることもあるようです。お茶や食事の用意など、慣習に応じて準備しましょう。

2 お通夜、葬儀、告別式をする

葬儀社の指示に従って通夜を営む

　葬儀場に着いたら、葬儀社の担当者の指示に従って準備を進めます。葬儀社から説明があるので、どのように進行するか、喪主や親族がすべきことは何かを把握します。

　受付の仕方なども、担当する人に助言してくれます。

　供物、供花が並んでいるので、**並び方が適切か（一般的には中央から故人と血縁の濃い順、次いで社会的地位の高い順）、芳名に間違いがないかを慎重に確認**します。

　準備の都合もあるので、翌日に**火葬場まで同行していただく方が予定どおりかも確認**しましょう。

　会葬者に挨拶する場合は話が長くなってほかの方に失礼にならないよう、目礼や手短なご挨拶にします。

葬儀、告別式を執り行い、出棺

　葬儀、告別式を行います。

　受付のあと、参列者着席→開式の辞→僧侶の入堂→読経→弔辞→弔電→遺族の焼香→会葬者の焼香→僧侶の退堂→出棺→喪主挨拶→閉式の辞、と続くのが一般的です（仏式の場合。異なる場合もあります）。

　焼香が済むと、お花や思い出の品などを棺に入れ、故人とお別れです。棺の蓋に釘打ちをし、親族などの手で出棺となります。

霊柩車には喪主が同乗します。

以下は、喪主挨拶の一般的な文言例をアレンジしたものです。ご参考になさってください。

> 　出棺に先立ちまして、遺族を代表し、皆様にひと言ご挨拶を申し上げます。
> 　本日は遠路ご多忙中のところ、ご会葬、ご焼香を賜りまして、誠にありがとうございました。
> 　故人存命中は、皆様方にひとかたならぬご厚情を賜りまして、心からお礼申し上げます。
> 　皆様方にお見送りいただき、故人もさぞ喜んでいることと存じます。
>
> 　（故人の略歴やエピソード、どのように亡くなったかを加える）
>
> 　遺された私たち一同は、若輩ではありますが、これから故人の遺志にそうよう努めていく所存でございます。
> 　皆様方には、故人同様のお付き合い、ご指導を賜りますようお願い申し上げます。
> 　簡単ではございますが、これをもちましてお礼にかえさせていただきます。
> 　本日は誠にありがとうございました。

火葬場で

火葬場では火葬炉の前に棺を置き、位牌（いはい）と遺影を飾ります。

そして僧侶の読経、遺族の焼香をし、お別れをします。

合掌し、荼毘(だび)に付されるのを見送ります。

火葬の間は、葬儀場に戻ったり、待合室でお茶や食事をとったりします。火葬が終わったあとは火葬炉の前に集まり、血のつながりが近い遺族、近親者の順でお骨上げをします。

骨壺を白木の箱に納め、一緒に自宅（または斎場）に戻ります。

自宅または斎場では

自宅には遺骨を安置する祭壇をしつらえておきます。

机などを白い布で覆い、焼香台、生花、燈台などを置きます。地域によってはご近所の世話役の方が用意してくれたり、葬儀社が整えてくれたりする例もあります。

自宅または斎場に戻ったら、祭壇に遺骨、位牌、遺影を安置し、読経、焼香をします。還骨法要といいます。

亡くなった日から数えて七日目が初七日ですが、収骨のあとに初七日法要を兼ねることが多くなっています。

その後、僧侶や関係者で会食（精進落とし）をし、お布施やお礼をお渡しします。会食は1時間程度で、喪主か親族代表がお礼のご挨拶をして散会にします。

受付をしてくれた方から香典や香典帳、葬儀社から弔電や実費分の領収書などを受け取ります。

葬儀後の挨拶、支払いを済ませる

葬儀のあとは、菩提寺にお礼の挨拶に伺い、四十九日法要の打ち

合わせをします。

　亡くなった日から数えて49日目に営むものではありますが、親族が集まりやすいよう、直前の週末に行うことが多いようです（49日目を過ぎてから行うのは避けます）。菩提寺のほか、斎場や自宅で営むこともあります。

　告別式などへは参列されず、弔電や供物、香典などを送ってくださった方にはお礼状などを送ります。

　葬儀社などへの支払いも必要です。病院で亡くなった場合、医療費は後日精算となることがありますので、支払いを済ませます。高額療養費が利用できる場合は手続きが必要です。

お墓、仏壇の準備

　四十九日法要の準備をします。

　日程、法要の場所を決定し、すぐに親族などに案内状や電話などで日時、場所を連絡します。

　法要後の会食の会場やお料理、引き出物の手配もします。会食をせず、折詰のお料理や酒をお渡しすることもあるようです。

　告別式のときには白木の位牌ですが、四十九日を境に本位牌に魂を移します。

　仏壇がない場合は四十九日までには仏壇を購入します。

　また納骨は四十九日、百か日を目安に行うのが一般的です。お墓がない場合は一周忌、三回忌などの年忌法要に合わせることもありますが、いずれにしても早めに準備するのが望ましいといえます。

図5-2：葬儀・納骨までの流れ

半日〜1日程度

●臨終　病院で亡くなった場合

看取り

医師の判定・看護師による清拭など

院内霊安室に安置、死亡診断書の受け取り

退院の手続き、支払い、搬送　※葬儀社と同じところでなくてよい

自宅や斎場の霊安室へ

およそ1週間程度

●通夜・葬儀の準備

葬儀社から見積もりをとり、決める（日程、場所も決定）
※2〜3社からとって比較検討したいが、実際には難しい

菩提寺がある場合は連絡する。枕経をあげてもらう例も

葬儀案内を出す　※ファックス　エンディングノートを参照

納棺

●通夜

会場の設営、通夜振る舞い、返礼品の準備など
※戒名　エンディングノートで希望確認

弔問客の受付

通夜法要（読経、焼香、献花など）

通夜振る舞い

棺守り　※係を決める　人の確保
　　　　※献花　野辺送り

●葬儀・告別式

僧侶や弔問客を迎える

葬送儀式（読経、授戒）

式辞、弔辞

およそ1週間程度

焼香
お別れの対面
出棺
喪主・親族の挨拶　※香典返しは葬儀当日に渡すことが多い
火葬場へ

●火葬

火葬場で火葬炉へ
骨上げ
骨壺に納める　※自宅に持ち帰り、後飾り祭壇などに遺影、位牌とともに安置

●葬儀社への支払い

7日～3カ月程度

●還骨法要、納骨

還骨法要
初七日法要　精進落とし　※火葬後に続けて行うことが多い
四十九日法要
仏壇に入仏
墓に名入れ
納骨　落ち着いてからいつでもよい　僧侶と日程調整

●手続きなど

故人の保険、年金、税金などの手続き

●その他

喪中はがき・死去のお知らせ　※エンディングノートに書いてあることの実行

コラム 気になるシニアの暮らし② お金についての相談相手と生活設計

● お金について相談できる人はいる？

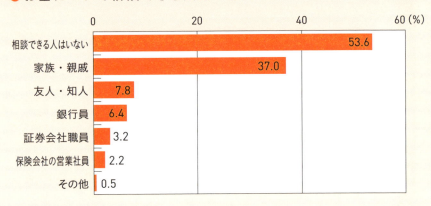

半数以上が「いない」と回答。
相談相手は家族・親戚が最も多く、家族なら相談しやすいことがうかがえる。

● シニアライフの生活設計はできている？

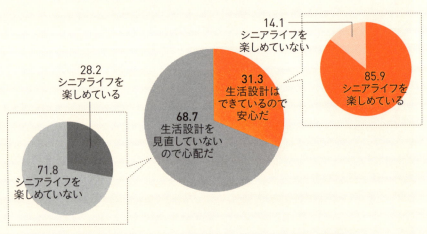

生活設計ができている人には、シニアライフを楽しめている人が多いのが特徴。
身近な人の暮らしを豊かにするには、生活設計を一緒に考えてあげるのが効果的。

(2016年度　ソニー生命保険株式会社「シニアライフ調査データ集」資料より。全国の50代から70代の男女に、2016年11月、インターネットで調査。有効回答数1000)

第 6 章

少し落ち着いたら
確実にしておかなくては
いけないこと

～社会保険や公共料金などの諸手続き～

亡くなった人の「住民票や戸籍」「健康保険」「年金」
「税金」の手続きを行います。行き当たりばったりだと
何度も同じ書類を用意したり、二度手間になったりしま
すので、全体を見通し、効率よく進めるのが肝心です。
家族は看病から臨終、葬儀など疲れが溜まっていると
思いますので、体調にも気をつけましょう。

この章のポイント

1 役所などの手続きは、
書類の準備を整えてから

2 住民票や戸籍に関する
手続きを進める

3 健康保険の手続きともらえる
お金について把握する

4 年金の受け取り、
遺族年金の相談をする

5 確定申告で
納税や還付を受ける

6 公共料金やクレジットカードの
手続きをする

> 事例

予想以上に大変だった手続き

　母を亡くした英治さん（50歳・仮名）。2日後に通夜、3日後に告別式を執り行い、茶毘に付し、気が抜けたようにぐったりしました。
　翌日は起き上がるのもやっとの疲労感でしたが、近所や親類への挨拶を済ませると、ほっと一息。今度は母を失った寂しさがこみあげてきました。

　勤務先からは1週間の忌引きが与えられていましたが、じっとしていると悲しくなりますし、気になるプロジェクトもあったため、翌日から仕事に出ました。
　後悔したのは翌週のこと。健康保険や年金など、社会保険関連のさまざまな手続きをしなければならないことに気づいたのです。
　兄弟は遠方に住んでいるため、頼むことはできませんし、妻は妻の両親の介護があり日中は時間がとれません。仕方なく、会社を1日休んで手続きに回ることにしましたが、必要書類が多かったり、待ち時間が長かったりで結局1日では終わらず、もう1日会社を休むことになってしまったのです。

　「経験がないこととはいえ、あまりに不慣れで、知識不足でした。年長者から、いろいろ忙しいぞといわれていたのですが、あとから気づく有り様でした。反省しています」（英治さん）

1 | 役所などの手続きは、書類の準備を整えてから

必要なものを把握して、効率よく進める

死亡に伴う手続きにはさまざまな書類が必要です。

大きくは「住民票や戸籍」「健康保険」「年金」「税金」に分けられ、それぞれで窓口が異なります。

　Nさんは三女ですが、長男から毎週のように電話が入り、次々と必要書類の手配をいいつけられたそうです。「この前も送ったよね？」「今度は別の手続きで必要」といったやり取りを何度もしたといいます。

　実はこれ、手続きに疲弊してしまったり、時間がかかってしまったりする最大の要因。健康保険や年金、公共料金、さらには相続に関するものなど必要な手続きは多岐にわたり、住民票や戸籍謄本、印鑑証明書などさまざまな書類が何通も必要になります。**何が必要かを把握して効率よく進めれば、二度手間、三度手間を防ぐことができます。**

　私は姉と二人姉妹で、母（故人）の書類パック、姉の書類パック、私の書類パックをつくり、手続きに行くときはすべて持参。必要なものをその場で取り出して手続きしました。「これは原本なのでコピーをとってください」といえば、どの窓口でもそうしてくれました。ただし、ちょっぴり嫌な顔をされることもあったので、自身で

コピーを用意しておくのもいいでしょう。

図6-1：各書類の内容と取得する場所

	どんなもの	取得する場所
住民票	現在住んでいる家族の内容。全員または1人の2種類ある	居住している市区町村役場
除住民票	死亡届が提出されることにより、住民登録が抹消される	居住していた市区町村役場
戸籍謄本	戸籍に登録されている全員の者を写したもの、除籍された人も含む	本籍のある市区町村役場
除籍謄本	除籍された戸籍に登録されている人全員のもの	本籍のある市区町村役場
戸籍抄本	戸籍に登録されている人のうち、請求者が必要とする人だけの写し	本籍のある市区町村役場
除籍抄本	除籍された戸籍に登録されている人のうち、請求者が必要とする人だけの写し	本籍のある市区町村役場
印鑑証明書	本人が登録している印であることの証明（実印）	居住している市区町村役場
死亡診断書	医師または助産師が作成する「死亡の事実を証明する書類」	故人が死亡した病院

第6章／少し落ち着いたら確実にしておかなくてはいけないこと　133

図6-2：手続きに必要な書類一覧表

	住民票	除住民票	戸籍謄本	除籍謄本	戸籍抄本	除籍抄本	印鑑証明書	死亡診断書(写)	マイナンバー個人番号カード
不動産、自動車の所有権を相続し、名義変更をする	○		○	○			○		
銀行預金、有価証券の名義変更をする	○		○	○			○		
生命保険を受け取る	○				○		○	○	
健康保険、国民健康保険から埋葬料、埋葬費を受け取る	○		(○)					○	○
高額療養費の手続きをする				○	○				
遺族年金の手続きをする	○	○	○						
年金の受給権者死亡届の手続きをする		○	(○)						
未支給年金の受け取りをする	○	○	○						
相続税の申告をする	(○)		○	○			○		(○)
相続を放棄する手続きをする					○				
相続に関する手続きの一部をする						○			
遺産分割協議書を作成する							○		
死亡届の手続きをする								○	

※市区町村によって異なる場合があるので必ず確認する

2 | 住民票や戸籍に関する手続きを進める

世帯主を変更するなら届け出が必要

　世帯主が亡くなり、遺された世帯員（同居する家族）**が2人以上いる場合は、亡くなってから14日以内に、市区町村に「世帯主変更届」を提出**します。

　これは世帯主が誰になるかを届け出るものです。父親と母親の二人暮らしで父親が亡くなった場合など、遺された世帯員が1人なら世帯主はその人に決まりますから提出の必要はありません。

　また母親と未成年の子どもが遺った場合も母親が世帯主になりますから届け出は不要です。母親と成人した子どもが遺った場合など、世帯主になり得る人が複数いる場合（届け出なければわからない場合）に提出するわけです。

　ちなみに、**死亡届を提出すると亡くなった方については戸籍に「死亡」と記載され、住民票は削除されますから、戸籍や住民票についての手続きは必要ありません。**

世帯主変更届

- **いつまでに？**：亡くなってから14日以内
- **誰が？**：新しい世帯主または同世帯の人。代理人の場合は委任状が必要
- **どこに？**：亡くなった人の市区町村役場
- **必要なものは？**
  - 届け出をする人の運転免許証、パスポートなど、写真付きの証明書
  - 印鑑
  - 国民健康保険被保険者証、国民健康保険高齢受給者証など（該当者のみ）

※世帯主が亡くなり、残る世帯員が2人以上の場合に、新しい世帯主が誰になるかを届ける。新しい世帯主が明白な場合は届け出の必要なし

苗字を旧姓に戻したいなら「復氏届」を提出

配偶者が亡くなり、「苗字を旧姓に戻したい」という場合は、残された配偶者の本籍地、または住所地に「復氏届」を提出します。

配偶者が日本人だった場合、復氏届の手続きはいつでも構いませんが、配偶者が外国人だった場合、亡くなってから3カ月を経過すると家庭裁判所の許可が必要です。

ただし、復氏届によって旧姓に戻るのは本人のみ。**子どもの苗字も変更して遺された配偶者の戸籍に入れる場合は、家庭裁判所に「子の氏の変更許可申立書」を提出するなどの手続きが必要**です。

図6-3：住民異動届、世帯主変更届の例

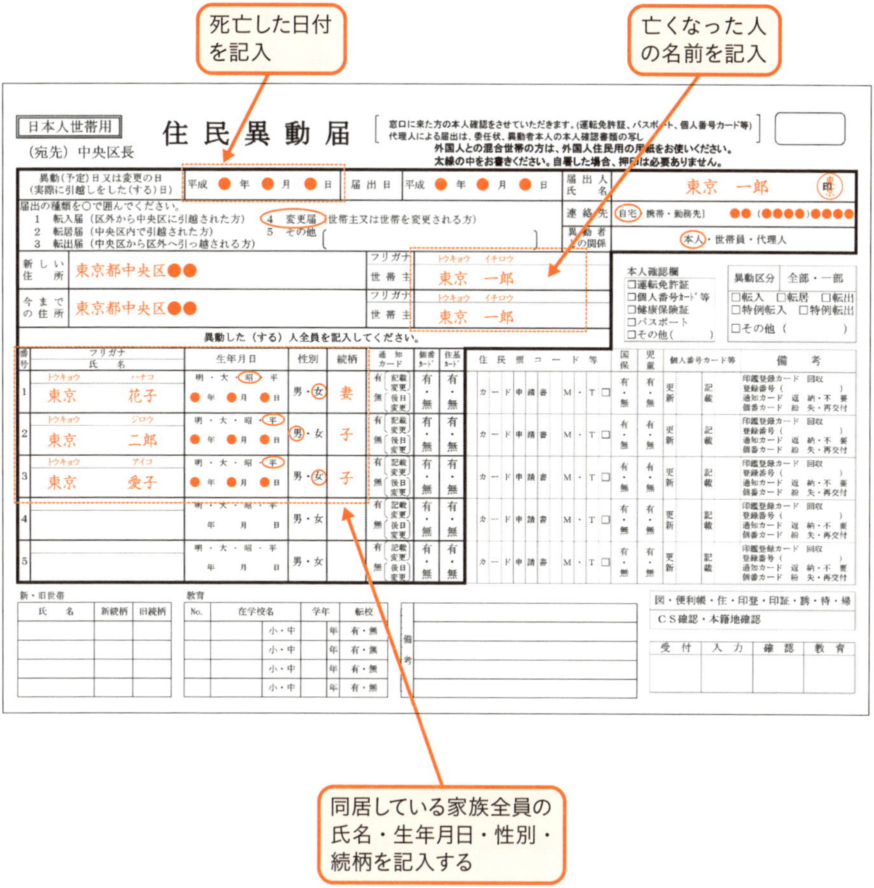

死亡した日付
を記入

亡くなった人
の名前を記入

同居している家族全員の
氏名・生年月日・性別・
続柄を記入する

第6章／少し落ち着いたら確実にしておかなくてはいけないこと　137

復氏届

■ **いつまでに？**：期限なし

■ **誰が？**：本人（配偶者を亡くした人）

■ **どこに？**：本人の本籍地または住所地の市区町村役場

■ **必要なものは？**

・戸籍謄本（結婚前の戸籍に戻るときは、実家の戸籍謄本）

・印鑑

※配偶者が亡くなったあと、苗字を婚姻前のものに戻すことを希望する場合。ただし、復氏届で旧姓に戻るのは本人のみで子はそのまま戸籍に残り、苗字は変わらない

配偶者の親族と姻族関係も解消できる

　配偶者が亡くなると婚姻関係はなくなります。しかし配偶者の親族との姻族関係は続き、扶養義務などは残ります。これを解消したい場合は、本籍地または住所地の市区町村に「姻族関係終了届」を提出します。親族の同意は不要です。

　姻族関係を解消できるのは配偶者のみで、子どもと親族との関係は継続されます。

姻族関係終了届

■ **いつまでに？**：期限なし

■ **誰が？**：亡くなった人の配偶者

■ **どこに？**：本籍地または住所地の市区町村役場

■ **必要なものは？**

　・戸籍謄本

　・印鑑

※配偶者の親族との姻族関係を終了させたい場合。配偶者の親族などの扶養義務がなくなる。手続きできるのは遺された配偶者のみ

図6-4:「復氏届」と「姻族関係終了届」

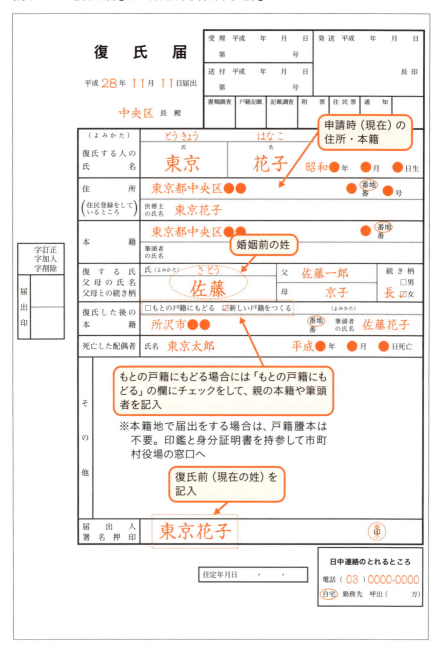

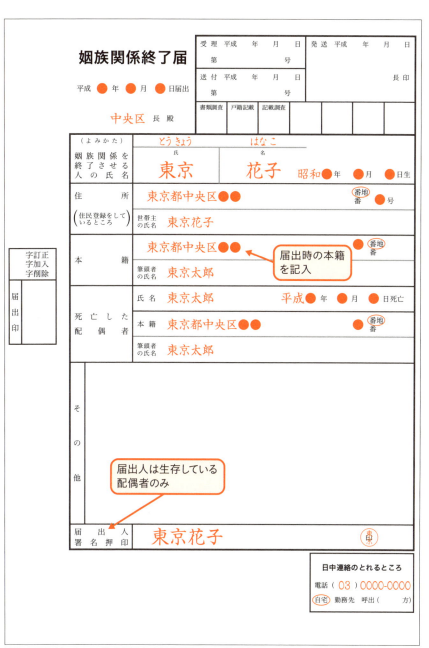

第6章／少し落ち着いたら確実にしておかなくてはいけないこと 141

3 健康保険の手続きともらえるお金について把握する

国民健康保険・後期高齢者医療保険

　国民健康保険や後期高齢者医療保険の被保険者が亡くなったら、亡くなってから14日以内に「資格喪失届」を提出する必要があります。

　提出先は市区町村の国民健康保険担当窓口です。市区町村によっては「死亡届」を提出すると自動的に手続きされる（資格喪失届は不要）こともありますが、その場合も健康保険被保険者証などを返却する必要があります。亡くなった人が世帯主だった場合は家族全員の保険証を返却し、世帯主を変更した新しい保険証を発行してもらいます。

　届け出の際には、亡くなったことを証明できるもの（死亡診断書のコピーなど）や世帯主、故人、届出人のマイナンバーカード（または通知カード）、届出人の印鑑が必要です。

　亡くなった人が働いていて健康保険に加入していた場合は、勤務先で手続きしてくれます。勤務先に連絡し、必要な書類があれば提出しましょう。

国民健康保険資格喪失届

- **いつまでに？**：亡くなってから14日以内
- **誰が？**：同居の家族や相続人
- **どこに？**：住所地の市区町村の国民健康保険担当窓口
- **手続きの内容**：資格喪失の手続きをし、保険証を返却する。

※国民健康保険の場合、世帯主が亡くなったときに扶養される家族全員も世帯主を変更して、新しい国民健康保険証を発行してもらう

- **必要なものは？**
  - 世帯主と故人のマイナンバーカードまたは通知カード
  - 亡くなったことを証明するもの（死亡の記載のある戸籍謄本など。不要の場合あり）
  - 届出人の印鑑
- **返却するものは？**
  - 国民健康保険証（亡くなった人が世帯主の場合は世帯全員）
  - 介護保険証、高齢受給者証、後期高齢者医療保険証など

払い過ぎた保険料が戻る

　国民健康保険料（健康保険料）は先々の保険料を前納するしくみになっています。そのため、**被保険者が亡くなると、資格喪失後の保険料を払い過ぎたことになり、過誤納金として戻ってきます**。資格喪失届の手続きをすると、後日、「過誤納金還付兼充当のお知らせ」が届きますので、振込先などを記載して返送します（図6-5）。

　私も母の後期高齢者医療保険料の過誤納金を2,460円、介護保険料を213円受け取りました。

第6章／少し落ち着いたら確実にしておかなくてはいけないこと　143

葬祭費・埋葬費がもらえる

　国民健康保険や後期高齢者医療制度からは、葬儀費用の一部として「葬祭費」が支給されます。金額は市区町村によって異なり、1万〜7万円程度です。請求は2年以内（市区町村によって、期限を独自に設けているところもあります）ですが、窓口は同じなので、「資格喪失届」の手続きと一緒に行えばスムーズです。故人の国民健康保険証、埋葬を行ったことを証明できるもの（領収書や会葬礼状など）のほか、埋葬を行った人の印鑑、振込先の口座番号が必要です。

　会社員で健康保険加入者が亡くなった場合は、その人に生計を維持されていた人が埋葬を行うと「埋葬費」として5万円、親族がいない場合は埋葬を行った人に上限5万円が支給されます。

葬祭費・埋葬費

■いつまでに？：死亡日から2年以内

■誰が？：葬祭・埋葬を行った人

■どこに？：亡くなった人の住所地の市区町村・協会けんぽ

■必要なものは？

・住民票

・亡くなった人の国民健康保険証・被保険者証

・葬儀を行ったことが証明できるもの（葬儀費用の領収書、礼状など）

・葬儀を行った人の印鑑

・葬儀を行った人の銀行口座がわかるもの

高額療養費で医療費が戻ることも

故人の生前に高額な医療費がかかり、高額療養費（40ページ）に該当する場合があるかもしれません。しっかりと手続きしましょう。

　入院していた病院で高額療養費が適用されていたとしても要チェックです。生計を一にする家族の医療費も合算できる「世帯合算」や、同世帯で1年に4回以上、自己負担額が一定額を超えた場合に4回目からは自己負担額の上限が軽減される「多数回該当」という制度もあり、これらは申請しないと受けられません。

　領収書などを整理し、該当しそうな場合は届け出ましょう。国民健康保険なら市区町村の窓口、会社員なら勤務先に問い合わせてください。**診療を受けた月の翌月の初日から2年以内は有効**です。

図6-5：後期高齢者医療保険料と介護保険料の過誤納金還付
　　　　兼充当通知書の原本

図6-5：後期高齢者医療保険料と介護保険料の過誤納金還付
　　　 兼充当通知書の原本

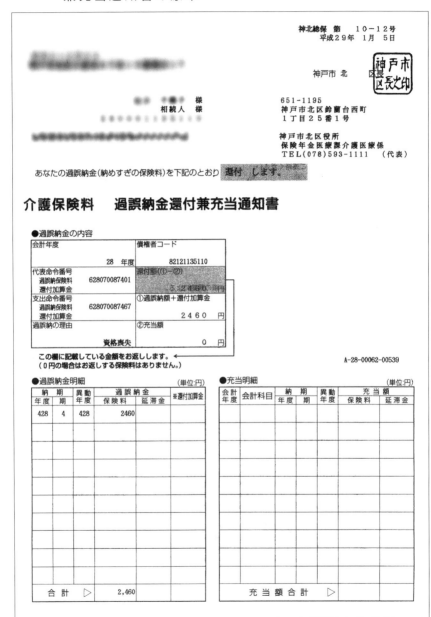

図6-5：（つづき）

様
　　　　　　　　　　　相続人様

651-1195
神戸市北区鈴蘭台西町1丁目25番1号

神戸市北区役所
保険年金医療課介護医療係
078-593-1111　（代表）

あなたの過誤納金（納めすぎの保険料）を下記のとおり　　　還付　　します。

●被保険者

被保険者番号		氏　名	
住　　　所			

後期高齢者医療保険料　過誤納金還付兼充当のお知らせ

●過誤納金の内容

会計年度			
	平成　28　年度	還付額（①－②） 213 円	
		①過誤納額＋還付加算金 213 円	
過誤納の理由 資格喪失		②充当額 0 円	

左記の還付額をご指定の金融機関へ振込みますので、同封の「確約書兼口座振替依頼書」に必要事項を記入・押印のうえ、返送してください。

28-A-00050-00051

　還付額をお返しします。0円の場合はお返しするお金はありません。

●過誤納金明細　　　　　　　　　　　（単位：円）

賦課年度	期	相当年度	過　誤　納　金		※還付加算金
			保険料	延滞金	
H28	4	H28	213		
合　計			213		

●充当明細　　　　　　　　　　　　（単位：円）

会計年度	会計科目	賦課年度	期	相当年度	充　当　額	
					保険料	延滞金
充　当　額　合　計						

第6章／少し落ち着いたら確実にしておかなくてはいけないこと　147

図6-6：後期高齢者医療　葬祭費支給申請書

後 期 高 齢 者 医 療
葬 祭 費 支 給 申 請 書

受付日　平成　　　年　　　月　　　日
決定日　平成　　　年　　　月　　　日

保険者番号	3	9	2	8	1	0	9	2

被 保 険 者 番 号	

支 給 金 額	￥ 5 0 0 0 0

死亡者の氏名	
死亡者の生年月日	明・大・㊩　　　年　7月　17日
死亡年月日	平 成　28年　11月　24日
死亡の場所	病院
死亡の原因	肺炎
その他	

葬祭執行者	葬 祭 日	平 成　28年　11月　26日
	住 所	
	氏 名	
	連 絡 先	

該当するものに○をつけてください。該当するものがない場合は()内に記載してください。

振込先		銀　　　行 信用金庫・組合 農業協同組合 (　　　　　)	本店 支店 出張所 (　　)	預金種別	1 普 通 2 当 座 4 貯 蓄
	口座番号等 右づめで記入してください				
	口座名義人 (カタカナ)				

口座名義人はカタカナで上段より左づめで記入してください。濁点・半濁点は1字として、姓と名の間は1字あけてください。

上記のとおりに申請します。

平成　　　年　　　月　　　日

　　　後期高齢者医療広域連合長様　〒　　−

　　　　申請者　　　住　所

　　　　　　　　　　氏　名　　　　　　　　　　印

　　　　　　　　　　死亡者との続柄　　子

　　　　　　　　　　連絡先

4 年金の受け取り、遺族年金の相談をする

まずは死亡したことを届け出る

　亡くなった人が年金を受け取っていた場合は、**厚生年金なら10日以内、国民年金では14日以内に「年金受給権者死亡届」を提出します**。死亡により、年金の受給権がなくなったことを届け出るための手続きです。

　手続き先は年金事務所または年金相談センターですが、故人が国民年金加入者で、後述する「未支給年金」の請求を同時に行う場合は市区町村でも構いません。故人の年金証書や死亡したことがわかる書類（死亡診断書など）が必要です。

　手続きが遅れると死亡後も年金が支払われ、後日、年金事務所から返還を請求されますので、注意してください。

> **年金受給権者死亡届**
>
> ■ **いつまでに？**：すみやかに
> ■ **誰が？**：配偶者、同居家族など
> ■ **どこに？**：年金事務所、または年金相談センター
> ※亡くなった人が国民年金加入者で、後述する「未支給年金」
> 　の請求を同時に行う場合は、市区町村でも可
> ■ **必要なものは？**
> 　・亡くなった人の年金証書
> 　・亡くなったことが証明できるもの（死亡診断書のコピー、死亡
> 　　記載のある戸籍謄本、除住民票など）

第3章でも述べたように、年金には「宙に浮いた記録」があるため、故人の年金加入記録に間違いがなかったかを照会する必要があります。「年金記録照会申出書」に必要事項を記入し、提出します。

未払い分の年金を受け取る

年金は「偶数月」に過去2カ月分が振り込まれます。たとえば4月に振り込まれるのは、2〜3月の分の年金です。

年金は亡くなった月の分まで受け取ることができ、3月に亡くなった場合は4月に、つまり故人が亡くなったあとに受け取ることになります。これを**「未支給年金給付」**といいます。

受け取ることができるのは故人と生計を同じくしていた遺族で、配偶者、子、父母、孫、祖父母、兄弟姉妹、3等身以内の親族の順です。

「生計を同じくしていた」とは、必ずしも同居していた家族とい

図6-7：年金記録照会申出書

第6章／少し落ち着いたら確実にしておかなくてはいけないこと　151

うことではなく、別居していたが定期的に仕送りをしていた、してもらっていた、という場合でも大丈夫です。その場合は**「生計同一関係に関する申立書」**(図6-9)**を提出**します。**どの程度の経済的援助があったか、定期的な音信、訪問があったかなどを記載**するものです。

未支給年金・保険給付手続き

■**いつまでに？**：受給権者の年金の支払日の翌月の初日から5年

■**誰が？**：生計を同じくしていた遺族

■**どこに？**：国民年金は住所地の市区町村の年金担当窓口、厚生年金は年金事務所や年金相談センター

■**必要なものは？**

・亡くなった人の年金証書

・亡くなったことを証明するもの（死亡診断書のコピー、死亡の記載のある戸籍謄本、除住民票など）

・戸籍謄本などの亡くなった人と請求者の関係が確認できる書類

・住民票の写しなどの亡くなった人と生計を同じくしていたことがわかる書類

・受け取りを希望する金融機関の通帳の写しなど

※未支給分の年金を受給資格がある遺族が請求して受け取る

※別世帯の場合は「生計同一関係に関する申立書」が必要

※「年金受給権者死亡届」と同時に申請してもよい

図6-8：未支給年金・保険給付請求書

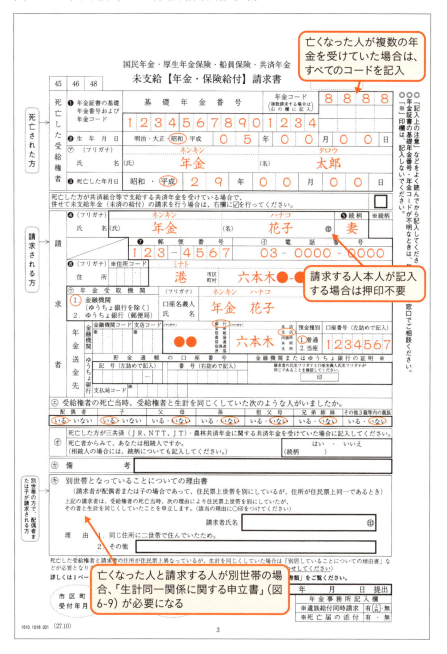

図6-9：生計同一関係に関する申立書

| 未支給 | 一時金 | 配偶者・子 | 別紙2 |

生計同一関係に関する申立書

1　別世帯になっていた理由

※①と②は同居していたが別世帯となっていた場合には記入

_____

_____

_____

_____

_____

2　同居についての申立（別居していたことの理由）

※①と②の住民票上の住所が異なっていた場合には記入

　婚姻により別居

_____

_____

_____

3　経済的援助についての申立　※①と②が別居の場合には記入

㋐　②から①、または、①から②に対する経済的援助の有無　（　**あり**　・　なし　）

㋑　上記㋐で「あり」の場合にはその回数　（　年　・　**月**　約　＿＿1＿＿＿回程度）

㋒　経済的援助の内容

　　月●万円の生活費の援助

_____

_____

_____

_____

遺族年金が請求できるか相談する

家計を支えていた人が亡くなった場合には、遺された家族が生活に困らないよう、「遺族年金」が支給されます。

どんな年金を、いくら受け取ることができるかは、故人が加入していた年金の種類や保険料、受け取る人によって異なります。

受け取ることができる人の優先順位は図6-10のとおりです。

最も優先順位が高いのは、「子のある妻」「子」「子のない妻」「夫」……などとなっています。ここでいう子とは18歳未満（18歳になった年度の3月31日まで）（障害等級1〜2級の場合は20歳未満）で、未婚の子です。

たとえば高齢の親世帯について考えてみましょう。

子どもは全員成人した高齢の夫婦で、元会社員の夫が、70歳の妻を遺して死亡したとします。その場合、妻は「遺族厚生年金」を受け取ることができます。年金額は夫が受け取っていた老齢厚生年金の4分の3です。生前に受け取っている年金には老齢基礎年金（国民年金部分）も含まれており、年金を月額20万円もらっていた人なら、その4分の3ではなく、20万円のうち、老齢厚生年金部分の4分の3です。

遺族年金は遺された家族が困らないように支給される趣旨であるため、原則として、**年収が850万円以上の人は遺族年金を受給できません。**また夫、父母、祖父母の場合、60歳からの受給開始になります。

年金制度は複雑なので、年金事務所や年金相談センターに相談するのがお勧めです。時間がかかる場合もあるので、予約していくといいでしょう。**早く手続きをすれば早く受給でき、5年で時効にかかります。**

第6章／少し落ち着いたら確実にしておかなくてはいけないこと　155

相談のあと、必要書類を添えて手続きをします。亡くなった人の年金手帳や、戸籍謄本、世帯全員の住民票のコピー、亡くなった人の住民票の除票や、請求者の収入が確認できる書類（所得証明書など）などが必要です。

　約1〜2カ月後に遺族年金の年金証書や年金決定通知書が届き、そのあと、初回の年金が振り込まれます。

遺族年金受給申請

■ **いつまでに？**：亡くなってから5年以内

■ **誰が？**：亡くなった人の遺族

■ **どこに？**：年金事務所や年金相談センター

■ **必要なものは？**

・亡くなった人の年金手帳

・戸籍謄本

・世帯全員の住民票のコピー、亡くなった人の住民票の除票

・請求者の収入が確認できる書類（所得証明書など）など

図6-10：遺族の優先順位と受け取る遺族年金の種類の例

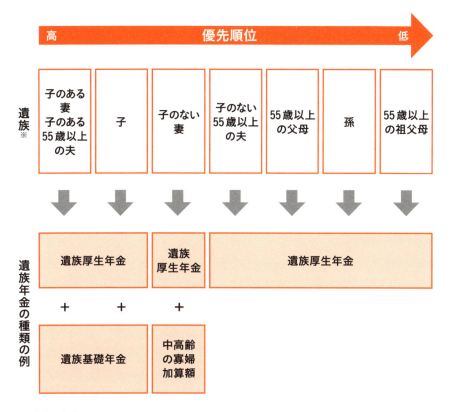

※遺族の条件

夫、父母、祖父母
・死亡当時、55歳以上であること。（受給開始は60歳から。ただし、夫は遺族基礎年金を受給中の場合に限って、60歳前でも遺族厚生年金を併せて受け取ることができる）

子、孫（「子のある妻」「子のない妻」などの「子」を含む）
・死亡当時、18歳になった年度の3月31日までの間にあること。（死亡した当時、胎児であった子も出生以降に対象となる）
・20歳未満で障害等級1級または2級の障害の状態にあること。
・婚姻していないこと。

出所：日本年金機構「遺族年金ガイド平成29年度版」を一部改変

図6-11：遺族年金の種類と給付

亡くなった人	もらえる遺族年金の種類	もらえる人
第1号被保険者 （国民年金） 自営業者とその家族・学生など	遺族基礎年金	・18歳未満の子がいる妻または夫 ・18歳未満の子
	寡婦年金	60歳～65歳の妻
	死亡一時金	・寡婦年金を選択した人 ・60歳未満の若い遺族など
第2号被保険者 （厚生年金） 会社員、公務員など	遺族厚生年金	40歳未満で子がない妻など
	遺族基礎年金＋遺族厚生年金	子がいる妻など
	遺族厚生年金＋中高齢寡婦加算	40歳以上65歳未満で子がない妻など
第3号被保険者 （国民年金） 第2号被保険者の扶養配偶者	遺族基礎年金	・18歳未満の子がいる妻または夫 ・18歳未満の子

※いずれも原則として年収850万円未満に限る

5 | 確定申告で納税や還付を受ける

収入があれば確定申告を 還付がある場合も

　個人事業主や収入が一定の額を超えていた人が亡くなった場合には、家族が故人に代わって確定申告を行う必要があります。「準確定申告」といいます。

　申告するのはその年の1月1日から死亡日までの分ですが、前年の確定申告が済んでいない（確定申告の期限前に亡くなったなど）場合は、前年の分も申告する必要があります。**期限は相続の開始があったことを知った日（死亡した日）の翌日から4カ月以内**です。

　申告する必要がある人は図6-12のとおりで、所得が一定の額を超えれば所得税を納めます。

　公的年金だけでも一定の額を超えていれば所得税がかかりますが、給付額から源泉徴収されており、その場合、日本年金機構から届く源泉徴収票に記載されています（記載されている源泉徴収税額が納めている所得税の額です）。

　源泉徴収されており、ほかに収入がなければ準確定申告の必要はありませんが、介護保険料や後期高齢者医療保険料などの社会保険料、生命保険料や地震保険料など、所得から控除できるものがあれば、準確定申告することで納めた税金が還付されます。

　また医療費が年間10万円、または所得の5％以上かかった場合は、準確定申告して「医療費控除」を受けることで納めた所得税が戻ります。医療費控除とは、自己負担した医療費から10万円（また

は所得の5％）を引いた額を所得から差し引くことができるもので、所得が減る分、税額が軽減されます。

　準確定申告書には、相続人全員の氏名、住所と、被相続人（故人）との続柄などを記入した付表を添付して、故人の死亡当時の納税地の税務署長に提出します。

準確定申告

■ **いつまでに？**：相続の開始があったことを知った日の翌日から4カ月以内
■ **誰が？**：相続人
■ **どこに？**：亡くなった人の住所地の税務署
■ **必要なものは？**
　・申告書（AまたはB）第一表、第二表、付表
　・源泉徴収票
　・医療費の領収書
　・社会保険料や生命保険料、地震保険料の控除証明書
　・青色申告または収支内訳書
※亡くなった人に申告していない所得があった場合に確定申告を行う

図6-12：準確定申告

●準確定申告書を提出する必要があるのはこんな人

- 給与収入が2,000万円を超えている人
- 公的年金等の収入金額が400万円を超えている人
- 給与所得と退職所得以外の所得の合計が20万円を超えている人
- 個人事業主だった人
- 生命保険や損害保険の一時金や満期金を受け取った人
- 医療費や保険料など所得控除の対象となる費用がある人
- 不動産収入（アパートや土地などの賃貸収入）がある人
- 不動産など資産を売却した人

図6-13：公的年金等の源泉徴収票

平成28年分　公的年金等の源泉徴収票											

支払を受ける者	住所又は居所							生年月日		年金の種別	
	（フリガナ）							昭和　　年　　月　　日		厚生　老齢	
	氏名										

区　　　分	支　払　金　額	源　泉　徴　収　税　額
所得税法第203条の3第1号適用分	＊＊＊＊＊＊＊＊＊＊0 円	＊＊＊＊＊＊＊＊＊＊0 円
所得税法第203条の3第2号適用分	＊＊＊＊＊＊＊＊＊＊0 円	＊＊＊＊＊＊＊＊＊＊0 円
所得税法第203条の3第3号適用分	＊＊＊＊＊＊＊＊＊＊0 円	＊＊＊＊＊＊＊＊＊＊0 円
所得税法第203条の3第4号適用分	＊＊＊＊541,293 円	＊＊＊＊＊＊＊＊＊＊0 円

本　　　人				控除対象配偶者の有無等		控除対象扶養親族の数			16歳未満の扶養親族の数	障害者の数		非居住者である親族の数	社会保険料の額
特別障害者	その他の障害者	特別寡婦	寡婦寡夫	有	無	特定	老人	その他		特別	その他		
				一般	老人	0 人	0 人	0 人	0 人	0 人	0 人	0 人	＊＊＊＊＊32,029 円

控除対象配偶者	（フリガナ）	＊＊＊＊＊＊＊＊＊＊	区分	16歳未満の扶養親族	（フリガナ）	＊＊＊＊＊＊＊＊＊＊	区分
	氏名	＊＊＊＊＊＊＊＊＊＊			氏名	＊＊＊＊＊＊＊＊＊＊	
控除対象扶養親族	（フリガナ）	＊＊＊＊＊＊＊＊＊＊	区分		（フリガナ）	＊＊＊＊＊＊＊＊＊＊	区分
	氏名	＊＊＊＊＊＊＊＊＊＊			氏名	＊＊＊＊＊＊＊＊＊＊	
	（フリガナ）	＊＊＊＊＊＊＊＊＊＊	区分				
	氏名	＊＊＊＊＊＊＊＊＊＊					

（摘要）【社会保険料の内訳】
介護保険料額　　　　　27,400円
後期高齢者医療保険料額　4,629円

支払者
法人番号　6000012070001
東京都千代田区霞が関1丁目2番2号
官署支出官
厚生労働省年金局事業企画課長

図6-14：準確定申告書の付票

死亡した者の平成＿＿年分の所得税及び復興特別所得税の確定申告書付表
（兼相続人の代表者指定届出書）

（平成二十八年分以降用）

1 死亡した者の住所・氏名等

| 住所 | （〒000-0000） 東京都中央区日本橋●●● | 氏名 | フリガナ シンコクイチロウ 申告一郎 | 死亡年月日 | 平成29年 ● 月 ● 日 |

2 死亡した者の納める税金又は還付される税金（所得税及び復興特別所得税の第3期分の税額）（還付される税金のときは頭部に△印を付けてください。） 円…A

3 相続人等の代表者の指定（代表者を指定されるときは、右にその代表者の氏名を書いてください。）相続人等の代表者の氏名

4 限定承認の有無（相続人等が限定承認をしているときは、右の「限定承認」の文字を○で囲んでください。）限定承認

すべての相続人や包括受遺者の個人番号を記入

付表は、申告書と一緒に提出してください。

5 相続人等に関する事項

	(1) 住所	（〒000-0000） 東京都中央区 日本橋●●●	（〒000-0000） 東京都練馬区 大泉町●●●	（〒000-0000） 埼玉県和光市 本町●●●	
	(2) 氏名	フリガナ シンコクハナコ 申告花子 ㊞	フリガナ シンコクジロウ 申告二郎 ㊞	フリガナ シンコクハルコ 申告春子 ㊞	フリガナ ㊞
	(3) 個人番号	0000000000000			
	(4) 職業及び被相続人との続柄	職業 なし 続柄 妻	職業 会社員 続柄 長男	職業 会社員 続柄 長女	職業 続柄
	(5) 生年月日	明・大・昭・平 ●年 ●月 ●日	明・大・昭・平 ●年 ●月 ●日	明・大・昭・平 ●年 ●月 ●日	明・大・昭・平 年 月 日
	(6) 電話番号	03-0000-0000	03-0000-0000	048-000-0000	－ －
	(7) 相続分…B	法定・指定 1/2	法定・指定 1/4	法定・指定 1/4	法定・指定
	(8) 相続財産の価額	5,000,000 円	2,500,000 円	2,500,000 円	円

6 納める税金等

各人の納付税額 A×B（Aが黒字のとき）（各人の100円未満の端数切捨て）	00 円	00 円	00 円	00 円
各人の還付金額（Aが赤字のとき）（各人の1円未満の端数切捨て）	円	円	円	円

7 還付される税金の受取場所

銀行名等	●● 銀行・金庫・組合・農協・漁協	●● 銀行・金庫・組合・農協・漁協	●● 銀行・金庫・組合・農協・漁協	銀行・金庫・組合・農協・漁協
支店名等	日本橋 本店・支店・出張所・本所・支所	大泉 本店・支店・出張所・本所・支所	和光 本店・支店・出張所・本所・支所	本店・支店・出張所・本所・支所
預金の種類	普通 預金	普通 預金	普通 預金	預金
口座番号	1234567	8901234	5678901	
貯金口座の記号番号	－	－	－	－
郵便局名等				

（注） 「5 相続人等に関する事項」以降については、相続を放棄した人は記入の必要はありません。

税務署整理欄	整理番号	0		0		0		一連番号
	番号確認 身元確認							

6 | 公共料金やクレジットカードの手続きをする

公共料金は名義人と振替口座を変更

　電気、ガス、水道などの契約者が死亡した場合は、一定の手続きが必要です。

　同居する家族がいて使用を続ける場合には、名義と支払い方法を変更します。

　料金を金融機関やコンビニエンスストアで支払っている場合は名義変更すれば新しい名義人宛に請求書が届きますが、口座振替の場合は別途、支払いについての手続きが必要です。第7章でも述べますが、銀行の口座は本人が死亡すると口座が凍結され、預金を引き出したり、公共料金の代金を引き落としたりできないからです。

　電気、ガス、水道、NHK受信料などは、ホームページやお客様センターなどへ電話すれば名義変更ができ、振替口座の変更手続きについても聞くことができます。

　親族がいる場合、一人暮らしの人が死亡したなどで契約を解除したい場合も、ホームページなどにアクセスして手続きします。

光熱費（電気・ガス・水道）・NHK受信料

- ■いつまでに？：すみやかに
- ■連絡先は？：電気、ガス、水道の契約先の電話やホームページ

■**必要なものは？**：領収書や検針票などに記載されている「お客様番号」がわかると手続きがスムーズ

※一人暮らしの人が亡くなって、もう利用しない場合は利用停止を届け出る。家族などが引き続き利用する場合は、契約者を変更。料金を故人の口座から引き落としていた場合は、引き落とし口座を変更するための手続きも必要

固定電話、携帯電話は権利を引き継ぐことも可能

　固定電話の加入権を誰かが相続する場合は、死亡の事実を証明できる書類や相続関係が確認できる書類が必要です。所定の届出書があるので、ホームページにアクセスしましょう。解約や契約の一時中断もできます。

　携帯電話を解約する場合は死亡を確認できる書類やSIMカード（電話機に入っています）**、手続きする人の身分証明書を持って電話会社の店舗で手続きします**。誰かが引き継いで利用するなら、相続関係が確認できる書類や引き継ぐ人（承継者）の身分証明書などが必要です。

携帯電話の承継や解約

■**いつまでに？**：すみやかに

■**連絡先は？**：電話会社の店舗

■**必要なものは？**

【承継の場合】相続関係を証明する書類、新しい契約者の本人確認書類など

【解約の場合】契約している人が死亡したことを証明できる書

類、利用中の携帯電話、手続きする人の身分証明書など

※家族などが引き続き利用する場合は承継、もう利用しない場合は解約の手続きを

固定電話の承継や解約

■**いつまでに？**：すみやかに

■**連絡先は？**：NTT東日本、NTT西日本など、電話会社の電話やホームページ

■**必要なものは？**

【承継の場合】加入権を持っている人が死亡したことを証明できる書類、新しい契約者の印鑑

※家族などが引き続き利用する場合は、所定の「承継・改称届出書」（ホームページからダウンロードなど）を入手し、郵送する。

【解約の場合】居住エリアによって変わるのでNTTのHPなどで確認する

インターネットのプロバイダーの解約

■**いつまでに？**：すみやかに

■**連絡先は？**：契約先プロバイダーなど

クレジットカードはしっかり解約、運転免許証は返却

クレジットカードも確実に解約しましょう。

私の知人にも「年会費もかからないから放置している」という人がいましたが、**不正利用などされるリスクを残すことになりますから、早めに解約の手続きをとってください**。手続き方法については

第6章／少し落ち着いたら確実にしておかなくてはいけないこと　165

インターネットや電話で問い合わせます。

運転免許証は最寄りの警察署や運転免許センターに返却します。届出人の身分証明書や、届出人と故人の関係を証明するもの、死亡を証明する書類が必要です。

パスポートは死亡を証明する書類を添えて、都道府県の窓口に返却します。

クレジットカードの解約

■**いつまでに？**：できるだけすみやかに

■**連絡先は？**：クレジットカード会社の電話やホームページ

※具体的な方法はクレジット会社によって異なるので確認を。カードはハサミを入れて破棄する

パスポートの返却

■**いつまでに？**：できるだけすみやかに

■**連絡先は？**：都道府県のパスポートの担当窓口

■**必要なものは？**：パスポート、運転免許証、死亡を証明する書類（パスポートが有効期限内の場合）

運転免許証の返納

■**いつまでに？**：できるだけすみやかに（返納手続きをしなくても更新しなければ自動的に失効。不正利用などされないよう要注意）

■**連絡先は？**：最寄りの警察署か運転免許センター

■**必要なものは？**：運転免許証、手続きする人の身分証明書、故人と手続きする人の関係を証明する書類、死亡を証明する書類

第7章

相続の仕方、相続税申告の段取り

～早く、正確に動いて10カ月以内に申告～

身近な人が亡くなったら、10カ月以内に相続税の申告をしなければなりません。相続税がかからなくても、税額が軽減される特例の適用を受けるなら申告が必要です。「10カ月あれば……」と思いがちですが、細かな手続きが必要なので意外と時間がありません。税理士に依頼するかどうかの検討も含め、早めに着手しましょう。

この章のポイント

1 相続開始から10カ月以内に申告・納付する

2 相続する人を確定させる

3 財産を調査する

4 どう分けるかを話し合う

5 相続税の申告・納付をする

6 申告・納付のあと——申告漏れには素早く対応を

事例

相続税がかからないと勘違い！
あやうくペナルティの対象に

　しっかり者の母を亡くした一枝さん（52歳・仮名）。4代続く飲食店を経営しており、悲しみも癒えぬまま、家業に奔走される毎日でした。

　四十九日法要のとき、叔父と相続の話になりました。

　叔父からは、相続税の手続きをすること、自宅など、不動産の名義変更も確実にすることを進言されたのですが、一枝さんは、「いずれ名義変更をすればいい」としか考えませんでした。相続税はかからない、と思っていたからです。

　一枝さんは数年前に父を亡くしていますが、その際、相続の手続きはすべて母がしていました。母から聞いたのは「相続税はかからなかった」ということ。父の相続時には配偶者の相続分についての税額が大きく軽減される制度が使えたため、相続税がかからなかったのです。

　しかし母の相続で相続人となるのは一人娘の一枝さんのみ。基礎控除も小さくなりますし、もちろん、配偶者の軽減も受けられません。そのため、今度は相続税がかかるのですが、一枝さんはそれに気づいていなかったのです。

　母からは自宅も相続しているため「小規模宅地の特例」も受けられますが、それを受けるにも申告が必要です。申告をしなければ特例は適用されず、多額の相続税が課せられます。

　心配した叔父は何度となく、「申告したのか」と聞いてくれましたが、一枝さんは財産の名義変更のことと思い込み、「少し落ち着いたら」と答えていました。そろそろ名義変更をしようと司法書士に相談したとき、司法書士に「相続税の申告はしましたよね？」と聞かれ、「相続税がか

第7章／相続の仕方、相続税申告の段取り　169

かると思いますよ」と指摘され、ようやく大変なことに気づいたのです。

　すぐに税理士を紹介してもらったのが、申告期限の1カ月前。特急料金を支払ったうえでなんとか手続きを進め、申告期限当日に申告・納付に至りました。
　「危うく、延滞税などのペナルティを受けるところでした。生前に母から話を聞いたり、税理士さんを紹介してもらっておけばよかった。叔父にも相談するべきでしたね」（一枝さん）

1 | 相続開始から10カ月以内に申告・納付する

相続手続きの流れ

　社会保険などの手続きが済んだら、すぐに相続の手続きをはじめましょう。

　相続財産が一定額を超える場合は相続開始（一般的には死亡したことを知った日の翌日）から10カ月以内に相続税の申告、納付をする必要があり、それを過ぎると延滞税がかかります。10カ月あれば…と思いがちですが、相続税の手続きはなかなか煩雑で、あっという間に期限がやってきます。**のんびり構えず、早めに着手しましょう。**

　相続税がかからないとしても、配偶者に対する相続税額の軽減など、特例の適用を受ける場合は手続きが必要です。また故人に借金があれば3カ月以内に手続きが必要になることもあります。

　相続手続きの流れは図7-1のとおり。「相続人（相続する権利のある人）を明らかにする」、「相続財産を洗い出して評価する」、「分け方を決める」、そして「申告・納付」です。

　順を追ってみていきましょう。

第7章／相続の仕方、相続税申告の段取り　171

図7-1：相続の手続きの流れ

●身内の死亡

相続税がかからない場合（※）

相続税がかかる場合

遺言書の有無や内容の確認

↓

相続人は誰かを確認・確定

↓

財産目録を作成

↓

（遺言書がない場合）
相続人全員で遺産の分割方法を決定

↓

相続財産の名義変更

↓

相続税を申告、納税

死亡から
10カ月以内
・
現金で
一括納付

※配偶者に対する相続税額の軽減など、軽減措置
を受ける場合は申告が必要

2 | 相続する人を確定させる

遺言書の有無を確認する

　相続人を確定させるにあたってまず確認したいのは、遺言書の有無です。遺言書は故人の遺志であり、法律で定められた相続人や財産の分け方より優先されます。

　生前に遺言の有無や保管場所を確認しておくのが望ましいですが、わからない場合は自宅などを探してみましょう。

　遺言書の保管場所で最も多いといわれているのが自宅で、金庫、仏壇、たんす、本棚などにしまっていることがあります。

　銀行の貸金庫を利用していた人では、そこに保管していることも多いので、開示してもらえるよう手続きします。

　故人が信託銀行と取り引きしていた場合は、遺言の作成や執行を依頼している可能性もありますので、問い合わせます。

　故人が公正証書遺言を作成していれば、公証役場に遺言書が預けられています。公証役場は各地にありますが、いずれかに問い合わせれば、どこかの役場に保管されていないかを確認してもらえます。遺言者が死亡したこと、手続きする人が相続人であることを証明できる戸籍謄本や本人確認書類が必要です。

　公正証書遺言が見つかった場合はそのまま遺言に従えばいいのですが、自筆証書遺言の場合は遺言を正しく執行するため、家庭裁判所に提出し、検認を受けなければなりません（図7-2）。故人（被相続人）が作成したものであるかを確認し、利害関係がある人に内容を

図7-2：自筆証書遺言の筆検認手続きの流れ

故人の死亡時の住所地の家庭裁判所へ
遺言書検認を依頼する

▼

家庭裁判所から検認期日通知が届く

▼

家庭裁判所で相続人が立ち会い開封・検認する

▼

検認済み証明書申請・検認済み証明書付き遺言書を受領する

※遺言書は検認期日に持参するのが一般的。封が閉じられた状態で発見されたものは開封しないようにする

知らせたり、偽造などを防ぐための手続きです。検認日には相続人
や代理人が立ち会う必要があります。

自筆証書遺言の検認手続き

■いつまでに？：申し立てから約1カ月後に家庭裁判所から相
続人全員に検認の期日が郵送される
■誰が？：遺言書を保管していた人、遺言書を発見した人
■どこに？：亡くなった人の死亡時の住所地の家庭裁判所
■必要なものは？
・申立書
・亡くなった人との相続関係を証明する戸籍謄本、相続人全
員の戸籍謄本
・手数料（収入印紙800円分、連絡用郵便切手など）

戸籍謄本などで相続人を正確に調査

第4章でも述べましたが、相続では法律によって「法定相続人」が定められています。正しく相続が行われるよう、戸籍謄本などによって法定相続人を明らかにしなければなりません。

戸籍は転籍や法改正、婚姻などの都度、新しくつくられます。すでに抹消された情報は新しい戸籍には記載されないため、死亡時の戸籍だけでは相続人全員の確認がとれないことがあります。そこで**相続人全員を明らかにするため、故人が存命中に作られたすべての戸籍を取得する必要があります。**

たとえば妻と二人暮らしで子どもがないAさんが亡くなった場合、法定相続人は妻とAさんの兄弟です。妻の認識ではAさんは兄と弟の3人兄弟ですが、もしもAさんの両親に隠し子（Aさんの別の兄弟）がいれば、その人も法定相続人であり、遺産を受け継ぐ権利があります。そういう人がいないかどうか、両親の戸籍も確認する、というわけです。

もしも想定外の相続人が見つかった場合、「付き合いがないから関係ない」とすることはできず、相続について話し合いをして合意を得なければなりません。場合によっては弁護士などへ依頼して話を進める必要もあるでしょう。

意外と手間取る戸籍謄本の入手

戸籍謄本は配偶者や直系尊属（曽祖父母、祖父母、親といった故人より上の世代の親族）**や直系卑属**（子、孫、曾孫など、故人より下の世代の親族）**など、請求できる人が限られています。それ以外の人が取得する場合**

第7章／相続の仕方、相続税申告の段取り　175

は委任状が必要です。

　請求するのは、本籍地がある市区町村役場で、請求する人は免許証など本人確認書類を持参。故人の直系尊属や直系卑属であることを証明する書類の提出を求められることもあります。

　前述のとおり、存命中に作られたすべての戸籍が必要ですから、**請求する際は、「相続手続きで使うのでその役所で取得できるすべての戸籍謄本等がほしいこと」、また「それ以前のものはどこに請求したらいいか」を聞くことが重要**です。

　他界したときは東京都内に本籍地があったものの、以前は北海道が本籍地だったなど、遠方の市区町村に戸籍謄本を請求しなければならないこともありますが、戸籍謄本は郵送でも請求できます。窓口でも、郵送でも、取得には数百円の費用（市区町村によって異なる）がかかり、郵送で請求する場合は定額小為替や現金書留などで納付します。

戸籍謄本取得

■誰が？：本人・配偶者・直系血族・代理人（要委任状）など
■どこに？：本籍がある（あった）市区町村役場（郵送可）
■必要なものは？
　・申請書、身分証明書
　・郵送の場合は定額小為替と切手を貼った返信用封筒
　・代理の場合は委任状　など
※市区町村により、ほかの書類が必要になる場合あり

3 財産を調査する

すべての相続財産を把握する

　相続税がかかる、かからないは、相続財産の金額（評価額）次第ですし、**相続財産を適正に分けるためにも、相続資産について把握する必要があります。どんな遺産があり、合計でいくらなのかを調べましょう。**

　相続財産とされるのは、図7-3のとおり。現金、預貯金、株式などの金融資産から、自宅などの不動産、自動車、生命保険、電話加入権などがあります。墓地や仏壇、香典、墓名、仏具などは相続財産とはみなされません。

　またマイナスの相続財産として借金や未納の税金などがないかも調べましょう。

　相続財産を正確に把握しないと税務署から指摘を受けて加算税がかかるなど、面倒なことになりかねません。とくに借金などマイナスの財産がたくさんある場合は相続放棄も検討しなければなりませんから、しっかり確認してください。

　通帳や現金などがないか、自宅の金庫や仏壇、引き出しなど、あらゆる場所を探してみます。郵便物の中に金融機関からの通知が見つかるケースもありますし、通帳に記帳された引き落としの記録も、負債や加入している保険を知る手がかりになります。

　第2章で述べたように、**取引先の金融機関などの情報を整理しておくと確認はスムーズに進み、「整理しておいてよかった」と実感**

図7-3：どんな財産があるか
　　　相続財産の種類

相続財産	現物財産	現金・預貯金など
	不動産	土地・家屋
	不動産上の権利	貸借権・抵当権など
	動産	自動車・貴金属・骨董品・家財家具など
	有価証券	株式・国債・社債・ゴルフ会員権など
	その他債権	売掛金・貸付金・損害賠償請求権など
	知的財産権	著作権など
	生命保険金	故人が保険料を払っているもの
	電話加入権	
負の相続財産	借金	ローンなど
	保証債務	原則として相続
	損害賠償債務	不法行為・債務不履行など
	未納の税金など	
	買掛金	営業上の未払い代金など
相続財産にならないもの	祭祀財産	墓地・仏壇・位牌・遺骨など
	香典・葬儀費用	
	その他	故人のみに帰属する権利（一身専属権）など
	生命保険金	故人が保険料を払っていないもの
	死亡退職金・埋葬料	

できるはず。ただし**念には念を入れ、自宅の中を探して漏れがない
かを確認すると安心**です。何かのために……と、内緒の資産を持っ
ている人も少なくないようです。

預金など、金融資産を確認

　**銀行などの金融機関で口座を持っている人が亡くなると、その口
座は凍結され、入出金ができなくなります。**

　「亡くなったことを銀行に伝えなければお金は引き出せるはず」
と考えがちですが、年金が振り込まれなくなったり、葬儀の情報が
伝わったりすることで金融機関が死亡の事実を察知し、口座が凍結
されることが多いようです。

　**凍結されていない場合は、金融機関に他界の旨を連絡し、口座を
凍結する必要があります。**故人の財産をどう分けるかは相続人みな
で協議する必要があり、特定の人が勝手に使ったりすることがない
よう、口座を凍結するわけです。

　一方で、相続を進めるためには預金などの正確な金額を知る必要
があり、**金融機関には残高証明の開示・照会請求をします。預金は
死亡した日の残高が相続財産の額となり、相続税を申告する場合
は、残高証明書が必要**です。

　相続人であれば、いずれか1人でも開示・照会の請求ができます
（相続人全員の同意がなくてもいい）。金融機関が用意している所定の請求
書に必要事項を記入するほか、相続関係が確認できる戸籍謄本など
の提出が求められます。所定の手数料もかかります。

　**その後、遺産分割協議が済み、遺産の分け方について相続人の意
見がまとまれば、故人の預金などを引き出すことができます。**

第7章／相続の仕方、相続税申告の段取り　179

金融機関に「相続届」が用意されていますので、相続人全員で署名、押印をします。さらに遺言書があれば遺言書や相続関係が確認できる戸籍謄本、払い戻しを受ける人の印鑑証明書などを提出。遺言がない場合は、遺言書の代わりに遺産分割協議書（協議が成立している場合）を提出するのが一般的です。

　金融機関によっても必要書類が異なりますので、窓口に出向く前に電話などで必要書類や、どの支店でも手続きできるかなどを確認することをお勧めします。

残高証明開示の依頼

■ **誰が？**（依頼できる人）：相続人、遺言執行者、相続財産管理人、相続人の委任を受けた人など

■ **どこに？**：被相続人の口座がある金融機関

■ **必要なものは？**

・相続権限者であることがわかる戸籍謄本・遺言書・審判書など

・相続人、遺言執行者、相続財産管理人など相続権限者の印鑑証明書

・依頼する人の実印

・1通ごとに手数料数百円程度の費用がかかる

　私は母が取り引きしている金融機関を生前に絞り込みましたが、それでも手続きには手間がかかりました。

　A銀行の取引店は大きな店舗でしたが、B銀行の取引店は小さな支店で、A銀行のスムーズな手続きに比べて待たされる時間も長く、必要書類も足りずに二度手間に。

そうならないためにも、事前にしっかり確認をしてスムーズに手続きを進めたいものです。

資産の評価

相続税申告、また相続のためには、亡くなった人の資産を明らかにする必要があります。その場合、相続人などが被相続人の口座がある金融機関に「残高証明開示の依頼」をします。

株式や投資信託、公社債などは死亡した日の時価で評価し、申告時には有価証券保護預かり証や、有価証券残高証明書が必要です。

ただし、株価（上場株式）は大きく変動することがあるため、亡くなった月、その前月、前々月の、毎日の終値平均額などとしてもいいことになっています。

非上場株の評価は専門的ですので、税理士に依頼します。

銀行と同様に、証券会社でも遺産分割協議書や相続届への相続人全員の署名などが必要です。口座の有無を確認する際、必要書類や手続きの方法を聞いておきましょう。

なお、故人が保有していた株式を売却する場合でも、いったんは相続人の口座を開設し、そこに株式などを移して相続人の名義に変更しなければなりません。そのあとで相続人が売却します。

土地、建物の評価は専門知識が必要

宅地は路線価方式または倍率方式で評価します。

路線価方式とは道路に面する宅地ごとの土地の評価額（路線価）に基づいて評価額を決める方式で、路線価は国税庁のホームページで

第7章／相続の仕方、相続税申告の段取り 181

図7-4：相続財産の評価

相続財産	財産の種類	簡易計算法
金融資産	現金 預貯金 有価証券（公社債、投資信託、株式）	死亡した日の残高 死亡した日の残高 死亡した日の時価など
土地	宅地	路線価または固定資産税評価額×倍率
家屋	自宅家屋	固定資産税評価額
みなし財産（死亡時に入るお金）	生命保険金 死亡保険金	受け取った保険金－非課税枠[※] 受け取った死亡退職金－非課税枠[※]

※非課税枠：500万円×法定相続人数

公表されています。

　倍率方式は固定資産評価額に一定の倍率をかけて評価するもので、固定資産評価額は固定資産税の納税通知書に記載されています。路線価が定められていない地域の土地を評価する場合、倍率方式で評価します。自宅建物については固定資産税評価額で評価されます（アパートなどについては一定の割合を控除します）。

　宅地については、「小規模宅地等の特例」を受ければ課税評価額が8割引、または5割引になります。自宅用の土地だけでなく、店舗や事業用の土地、賃貸用の土地も対象になります（詳細は4章97ページ参照）。

　特例を受けるためには、相続が発生してから10カ月以内に相続税の申告書を提出しなければなりません。たとえ相続税がかからないとしても、小規模宅地等の特例を利用するならそのことを申請する必要がありますから、忘れずに手続きしましょう。

　申告書を提出するためには、相続人が遺産の分け方について同意

して「遺産分割協議書」を作成する必要がありますから、早めに手続きを進めたいものです。間に合わない場合はいったん特例を受けない形で相続税を納めることになります。**3年以内に遺産分割協議をまとめれば納め過ぎた分を返してもらうことができます**が、負担が大きいので、スムーズに手続きするのが理想です。

　また不動産を引き継ぐ場合は、管轄の法務局に「所有権移転登記申請書」を提出し、所有権を故人から相続人に変更します。遺産分割協議書や戸籍謄本などが必要なほか、登録免許税として課税価格の0.4％がかかります。課税価格が1,000万円なら4万円です。

　相続人が手続きすることも可能ですが、簡単とはいえませんから、司法書士に依頼しましょう。

自動車

　故人が保有していた自動車も相続財産となります。

　相続財産としては下取り査定価格を評価額とします。

　相続人が使用する場合は名義変更が必要ですが、売却したり、廃車にしたりする場合も、いったんは相続人に名義変更をしなければなりません。**いずれか1人の名義にもできますし、共有名義にすることも可能**です。

　名義変更は管轄の運輸支局または自動車検査登録事務所に「移転登録申請書」を提出します。

　小型二輪なども同様です。

> **自動車の移転申請**
>
> ■**誰が？**（提出できる人）：相続人など
> ■**どこに？**：管轄の陸運局
> ■**必要なものは？**
>   ・申請書
>   ・住民票
>   ・被相続人等の死亡の事実および相続人全員が確認できる戸籍謄本等
>   ・車検証　など
>   ・手数料500円（ナンバー変更なしの場合）

みなし相続財産や一定の贈与は相続財産になる

　預金や不動産などの相続財産のほかにも、相続税の対象となる財産があります。

　死亡保険金や退職金など、故人が亡くなったことで受け取るもので、これらを「みなし相続財産」といい、相続財産に含めます。

　また**亡くなる前3年以内にもらった財産は「生前贈与財産」として相続財産に含めます**。贈与税を納めている場合は、相続税との精算をすることになります。さらに相続時精算課税制度（101ページ参照）を利用して贈与があった場合も同様です。

相続財産から差し引けるもの

　故人に借金があった場合は、マイナスの資産として相続財産から差し引くことができます。国や公益法人などに寄付するもの、また

葬式費用も資産からマイナスできます。

　葬式費用などを差し引いたあとの相続財産の合計額から基礎控除額を引いた額がプラスなら、相続税の申告・納付が必要です。

4 | どう分けるかを話し合う

遺言書があればそれに従い、なければ相続人で話し合い

　遺言がない場合は、法定相続人全員で遺産の分け方を決めます。これを「遺産分割協議」といいます。

　相続人の中に未成年者や行方不明の人、認知症の人などがいる場合は、不在者に代わって「不在者財産管理人」や「親権者または特別代理人」、また本人に代わって財産管理や身上監護を行う「成年後見人」などが遺産分割協議に参加します。**1人でも協議に参加していない人がいれば遺産分割協議は無効**です。

　遺言書があり、そこに財産の分け方について記載されている場合は、原則としてそれに従って遺産を分けます。ただし**遺言書があっても遺産分割協議で相続人全員が合意すれば、遺言書とは違う分け方をしてもいい**ことになっています。

　また相続には「遺留分」（95ページ参照）があり、遺留分の権利がある人はその権利を行使することができます。**遺留分を侵害された場合は、原則として12カ月以内に「遺留分減殺請求」をします。**

寄与分、特別受益で公平をはかる

　遺産の分け方については法定相続分（93ページ参照）が定められていますが、必ずしも、そのとおりに分けなくてはならないということではありません。

たとえば**故人の財産の維持や増加に寄与した人がいれば、それを考慮して割合を多くする「寄与分」**、生前、故人から生活の援助や贈与を受けたことを考慮して割合を少なくする「特別受益」といった方法もあります。

　いずれも相続人の間での公平をはかるためのものであり、**相続人全員の同意が必要**となります。

　また相続税には配偶者控除があります。**妻の相続分が法定相続分相当額または1億6,000万円までなら、妻の相続分については相続税がかからない**というものです。これを利用すると大きな節税効果があります。

　しかし、両親のうち、どちらかが亡くなった際には配偶者控除が使えるものの、遺された親がなくなったときには（もう配偶者がいないため）配偶者控除は使えません（再婚していれば別）。

　配偶者のうち、先にどちらかが亡くなったときを「一次相続」、次を「二次相続」といい、**節税のために一次相続で配偶者に多くを遺すと二次相続のときに税負担が重くなり、大変なことになる可能性もあります**ので、そのような点も踏まえて税理士に分け方を相談するといいでしょう。

分割の仕方もいろいろ

　相続財産がお金だけなら物理的に分けやすいですが、不動産など、分けにくいものもあるのが実際のところです。そこで、以下のような分け方があります。

「現物分割」

自宅は妻、預金は長男、株式は長女など、遺産を現物のまま分けること。財産をそのまま遺せるが、相続する割合のとおりにぴったり分けるのは難しく、相互の理解、納得が必要になることもある。

「代償分割」

妻と同居する長男が自宅を相続し、長女にはその代償として現金（代償金）を支払うなどして公平に相続できるようにする方法。不動産しか財産がない場合や、事業用資産、農地など、分けることが難しい、後継者に相続させたい、といったケースに適している。代償として渡す資産が必要。

「換価分割」

現物のままでは分けられない場合に、不動産などの遺産を売却して、その代金を分割する方法。売却の手間と費用（売却益に対する所得税や住民税、手数料など）がかかるが、相続の割合に沿って明確に分けやすい。

「共有分割」

すべての財産または一部の財産を相続人が共同で所有する。財産の現物がそのまま遺せるが、財産（不動産など）の利用や処分について合意が必要で自由度が低くなるほか、相続人が亡くなった際、次の相続が複雑になるなどの課題が残る。

話し合いがついたら遺産分割協議書を作成

話し合いがまとまったら、「遺産分割協議書」を作成します。誰が何を相続するかを明記し、相続人全員が実印で押印します。

特定の用紙などはなく、資産の内訳（預金などは金融機関名や口座番号、金額など。不動産は登記簿に記載された内容など）を正しく記載するほか、日付なども記載します。実際には税理士が作成することが多いでしょう。**相続人の人数分を作成し、それぞれが保管します**。

名義変更などの手続きなどでも必要となります。

話し合いがつかなければ調停、裁判へ

もしも**話がまとまらない場合は、家庭裁判所に「遺産分割調停」を申し立てます**。

遺産分割調停では、裁判官と調停委員に各当事者が事情を話したり、必要な種類を提出したりし、合意を目指して話し合いを行います。調停は1カ月に1回ほどのペースで行われ、半年から1年前後の時間がかかることが多いようです。

調停が成立すれば遺産分割が実現しますが、調停でもまとまらない場合（不成立の場合）は、自動的に審判手続きに移ります。

審判では裁判官が遺産の内容や権利の種類や性質、一切の事情などを考慮します。もしそこでも不成立だった場合、次は高等裁判所での審理となります。

調停などには一定の期間を要します。相続税の申告や小規模宅地等の特例の適用を受けるために、遺産分割協議などは相続が開始されてから10カ月以内にしなければならず、これに間に合わない場

図7-5：遺産分割協議書の例

遺産分割協議書（サンプル）

本　　　籍　　　○県○市○町○丁目○番○号
最後の住所　　　○県○市○町○丁目○番○号
被 相 続 人　　　甲野　一郎　（平成○年○月○日死亡）

上記の者の相続人である甲野桜子、乙野次郎、丙野三郎は、被相続人の遺産について協議を行った結果、次の通り遺産分割することに決定した。

1. 相続人甲野桜子は次の遺産を取得する。

【土地】
所　　　在　　　○市○町○丁目
地　　　番　　　○番○号
地　　　目　　　宅地
地　　　積　　　150.00㎡

【建物】
所　　　在　　　○市○町○丁目
家 屋 番 号　　　○番○号
種　　　類　　　木造
構　　　造　　　瓦葺2階建
床 面 積　　　1階　　　70.50㎡
　　　　　　　　2階　　　48.00㎡

2. 相続人乙野次郎は次の遺産を取得する。

【現金】　　　　金5,000,000円

【預貯金】　　　○○銀行○支店　普通預金　口座番号00000000
　　　　　　　　○○銀行○支店　定期預金　口座番号00000000

【株式】　　　　○○株式会社　普通株式　100株

3. 甲野桜子は、第1項記載の遺産を取得する代償として、丙野三郎に平成○年○月○日までに、金10,000,000円を支払う。

4. 本協議書に記載のない遺産及び後日判明した遺産については、相続人甲野桜子がこれを取得する。

以上のとおり、相続人全員による遺産分割協議が成立したので、本協議書を3通作成し、署名押印のうえ、各自1通ずつ所持する。

平成○年○月○日

【相続人の署名押印】
住所
氏名　甲野桜子　　　　　実印

住所
氏名　乙野次郎　　　　　実印

住所
氏名　丙野三郎　　　　　実印

合はいったん申告をし、あとから修正申告をしなければなりませんので注意してください。

> **遺産分割調停**
>
> ■ **いつまでに？**：相続税が発生した日から10カ月以内
> ■ **誰が？**：相続人、包括受遺者など
> ■ **どこに？**：相手方のうち1人の住所地の家庭裁判所など
> ■ **必要なものは？**
> ・相続関係を証する戸籍謄本
> ・相続人の住民票
> ・申立書　など
> ・収入印紙1,200円、郵便切手

5 相続税の申告・納付をする

10カ月以内に申告・納付

相続財産の分け方が決まったら、相続税の申告を行います。

相続財産の額が基礎控除の額を超える場合は、相続税の申告・納付が必要ですし、基礎控除の額を超えない場合も、小規模宅地等の特例などを受ける場合は申告の必要があります。

申告の期限は、相続が発生した日の翌日から10カ月以内です。

相続税の申告は、多くの場合、税理士に依頼します。相続が発生した段階で依頼することが多いと思います。

申告書のほか、被相続人が生まれてから亡くなるまでの戸籍謄本、相続人の戸籍謄本、遺産分割協議書、相続人全員の印鑑証明書などが必要なほか、残高証明書、葬儀費用の領収書など、関連する書類を添付します。

相続税の申告

- ■いつまでに？：相続の開始があったことを知った日の翌日から10カ月以内（その日が土日祝にあたる場合はその翌日）
- ■誰が？：相続または遺言により財産を取得した人
- ■どこに？：亡くなった人の住所地の税務署
- ■必要なものは？
  - ・亡くなった人のすべての相続人をあきらかにする戸籍の謄本
  - ・遺言書または遺産分割協議書

- 相続人全員の印鑑証明書（遺産分割協議書に押印したもの）
- マイナンバーカードまたは通知カードまたは住民票（マイナンバーが記載されているもの）
- 亡くなった日現在の預金や株などの残高証明書
- 亡くなった人の過去の通帳
- 不動産の登記簿謄本、固定資産税評価証明書（亡くなった年の納税通知書でも可）、地積測量図など土地の形がわかるもの、住所や地図など所在地がわかるもの、貸している場合には賃貸借契約書
- 亡くなった人が契約している保険証券、死亡保険の通知書
- 亡くなった年とその前年の所得税の確定申告書
- その他財産の明細
- 借入金の金銭消費貸借契約書
- その他債務の領収証や請求書
- 葬儀費用の明細・領収書
- 相続人の職業、電話番号

など

相続税の申告は複雑で提出書類も多いため、税理士に依頼するのが一般的

相続税の計算は複雑

　相続税は、相続財産から基礎控除などを差し引いた「課税遺産総額」に対して課税されます。税率は課税遺産総額によって異なり、1,000万円以下なら10％、1,000万円超3,000万円以下では15％など、相続財産が多いほど高くなります。

相続税の計算は課税遺産総額の全体ではなく、法定相続分で分けたと仮定して計算を進める、というのがポイントです。

　たとえば相続財産が2億円、法定相続人が妻と子2人の3人としましょう。相続財産を法定相続分通りに分けたとします。

　基礎控除は4,800万円で、課税遺産総額は1億5,200万円です。

　これを法定相続分で分けると、妻が2分の1で7,600万円、子どもが残り2分の1を半分ずつですから、それぞれ3,800万円となります。

　妻の7,600万円に対する税率は30％（控除額700万円）で税額は1,580万円、子どもの3,800万円に対する税率は20％（控除額200万円）で税額は560万円です。3人の税額を合計すると、税額（仮）は2,700万円となります。

　ここからさらに、各相続人の税額を計算します。

　妻は配偶者控除が受けられます。妻が受け取るのは法定相続分で

図7-6：相続税の税率

税額＝(A)×(B)−(C)

各法定相続人の取得金額（A）	税率（B）	控除額（C）
〜1,000万円以下	10%	0円
1,000万円超〜3,000万円以下	15%	50万円
3,000万円超〜5,000万円以下	20%	200万円
5,000万円超〜1億円以下	30%	700万円
1億円超〜2億円以下	40%	1,700万円
2億円超〜3億円以下	45%	2,700万円
3億円超〜6億円以下	50%	4,200万円
6億円超〜	55%	7,200万円

図7-7：相続税の計算例

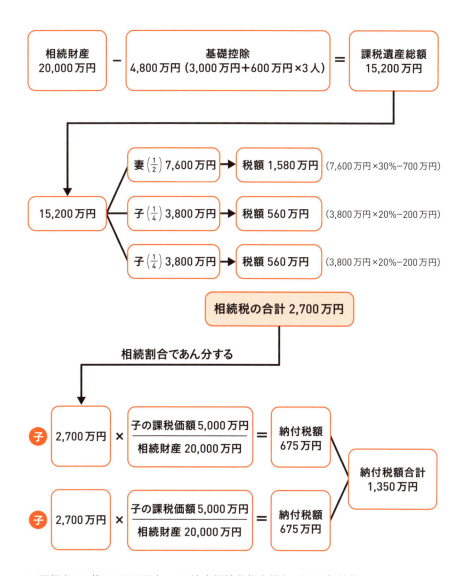

※配偶者は1億6,000万円までか、法定相続分相当額までなら、相続税はかからない。

図7-8：相続税の税額の目安

●配偶者あり

正味の遺産額		配偶者と子1人	配偶者と子2人	配偶者と子3人
1億円	配偶者	0	0	0
	子	385万円	315万円	262万円
1億6,000万円	配偶者	0	0	0
	子	1,070万円	860万円	767万円
1億7,000万円	配偶者	144万円	115万円	104万円
	子	1,220万円	975万円	880万円
1億8,000万円	配偶者	304万円	244万円	221万円
	子	1,370万円	1,100万円	992万円
1億9,000万円	配偶者	480万円	387万円	349万円
	子	1,520万円	1,225万円	1,105万円
2億円	配偶者	668万円	540万円	487万円
	子	1,670万円	1,350万円	1,217万円

●配偶者なし

正味の遺産額	子1人	子2人	子3人
3,000万円	0	0	0
4,000万円	40万円	0	0
5,000万円	160万円	80万円	20万円
6,000万円	310万円	180万円	120万円
7,000万円	480万円	320万円	220万円
8,000万円	680万円	470万円	330万円
9,000万円	920万円	620万円	480万円
10,000万円	1,220万円	770万円	630万円

すから、相続税はかからない、ということになります。

　子どもの相続分にかかる税額は、「2,700万円×4分の1」で計算します。仮の税額2,700万円に、それぞれが相続する割合（4分の1ずつ）をかけるのです。

　結果、それぞれの税額は675万円×2人となり、相続税額は1,350万円と計算されます。

相続税に関する控除を知っておく

　前述の計算例でも示した配偶者控除のほか、相続税には、3年以内に生前贈与で贈与税を納めている場合に贈与税を差し引くことができる「贈与税額控除」や、相続人が未成年者や障害者の場合、一定の額を相続税から差し引くことができる「未成年者控除」「障害者控除」もあります。

　10年以内に2回の相続があった場合は、1回目にかかった相続税の一部を差し引くことができる「相次相続控除」もあります。

　また遺言書があれば相続人以外の人に相続することも可能です。ただし配偶者、子ども、親以外の人が財産をもらった場合、相続税は2割増しになりま（図7-9）。

　このように相続税は専門的な知識が必要なほか、計算も複雑です。相続税がかかるケースでは、税理士に依頼するのが安心といえるでしょう。

第7章／相続の仕方、相続税申告の段取り　197

図7-9：税額控除と加算

イ．配偶者の税額軽減〔1億6,000万円か法定相続分に対応する税額〕

$$
相続税の総額 \times \frac{\begin{cases} ④(A)の法定相続分相当額 \\ (1億6,000万円に満たなければ1億6,000万円) \\ ⑪配偶者が実際に取得した財産の価額 \end{cases} いずれか少ない金額}{課税価格の合計額（A）}
$$

＝配偶者の税額軽減額

ロ．未成年者控除〔10万円×20歳までの年数〕

ハ．障害者控除〔10万円（特別障害者は20万円）×85歳までの年数〕

ニ．相次相続控除〔10年以内に相続が重なった場合、前の相続税額に一定割合を掛けた額を控除〕

ホ．相続税額の2割加算〔相続または遺贈によって財産を取得した人が、その被相続人の一親等の血族（代襲相続人を含み、代襲相続人以外の孫・養子を除く）および配偶者以外である場合、その人の算出税額の20%が加算される〕

ヘ．相続時精算課税分の贈与税額控除〔相続時精算課税の適用を受けて贈与税が課せられていた時は、その贈与税相当額を相続税の額から控除〕

納付の方法

　相続税の納付期限は被相続人が死亡した翌日（相続の開始があったことを知った翌日）**から10カ月以内**です。その日が土日祝日の場合はその翌日まで。**現金一括で納めるのが原則**です。

　申告書を提出した税務署（故人の住所地の所轄税務署）に出向いて納付するか、金融機関の窓口で納付しなければならず、口座引き落としなどはできません。**1日でも遅れると延滞税が課せられます**ので

注意しましょう。

　遺産のほとんどを不動産が占めているなどで相続税を一括で納めるのが難しい場合は、相続税の代わりにモノを納める「物納」や、分割で納付する「延納」が認められることもあります。

　申告の際に申請書を提出すると、税務署が3カ月以内に許可または却下の判断をします。

　延納の許可を得る場合、延納期間は3年以上、延納税額が100万円超では、土地や建物などの財産を担保として提供する必要があります。遺産ではなく、相続人がもともと所有している財産でも構いません（共有名義などの財産は不可）。**延納が認められる期間は最長20年間**で、遺産に占める不動産の割合によって異なります。利子税もかかります。

　物納できる財産は順位が決まっており、①国債、地方債、②社債、株式、投資信託、貸付信託、③土地、④建物、立木、船舶などの順で物納することになります。

相続税の納付

- **いつまでに？**：相続の開始があったことを知った日の翌日から10カ月以内（その日が土日祝日にあたる場合はその翌日）
- **誰が？**：相続税がかかる相続人
- **どこに？**：亡くなった人の住所地の税務署または金融機関の窓口
- **必要なものは？**
  - ・納付書（税務署で入手）

6 申告・納付のあと――申告漏れには素早く対応を

税務調査

　提出した申告書に誤りや不明な点があると、税務署から「税務調査」されることがあります。相続税は所得税や法人税に比べて税務調査を受ける割合が高く、申告した人の3割程度にのぼります。またそのうちの8割程度で申告漏れが指摘されています。

　事前に税務署から相続人や担当の税理士に電話連絡があり、日程も調整してもらえますし、担当した税理士に立ち会ってもらうこともできます。

　申告漏れで多いのは「現金・預貯金等」で、約4割（図7-10）。金融資産は名義人が誰かではなく、実際に誰が築いたものかが重視されます。収入のない専業主婦や子ども名義の金融資産があると、贈与や相続と認定されることがあります。

　申告漏れがあった場合などはペナルティが課せられます（図7-11）。納期限に遅れて納税した場合は延滞税がかかり、納期限の翌日から2カ月は年率2.7％、それ以降は年率9.0％です。もし申告漏れがあると、その分には延滞税がかかります。**自身で申告漏れに気づいた場合は早めに修正申告をしましょう。**

　不足があった場合は、延滞税に加えて「過少申告加算税」として10％、新たに納める税金が申告した額と50万円のいずれか多い金額を超える部分は15％が課せられます。ただし自身で申告漏れに気づいて修正申告をした場合は過少申告加算税はかかりません。

図7-10:申告漏れ相続財産の構成比(金額)の推移

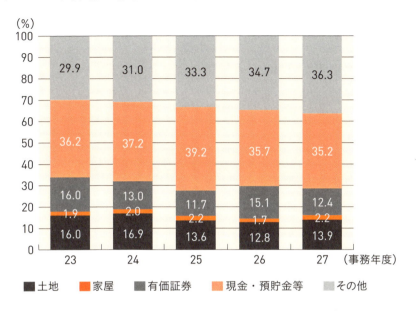

出所:国税庁「平成27事務年度における相続税の調査の状況について」(付表2)申告漏れ相続財産の金額の構成比の推移

図7-11:申告漏れなどのペナルティ

延滞税	納期に遅れて納税したとき	年9.0%
過少申告加算税	期限までに申告納税したが不足があったとき	10%・15%
無申告加算税	期限までに申告納税しなかったとき	5%・15%・20%
重加算税	仮装・隠ぺいなど故意に税を逃れようとしたとき	35%・40%

　期限までに相続税の申告をしなかった場合は納付税額などによって5%、15%、20%の「無申告加算税」、さらに隠ぺいなどで故意

に課税逃れをした場合は過少申告加算税や無申告加算税にかえて、35％または40％の「重加算税」が課せられます。

　反対に**相続税を多く納め過ぎた場合には、「更正の請求」を行うことで納め過ぎた分の還付を受けられます。請求できるのは相続税の申告期限から5年以内です。**

付録2 「身近な人が亡くなった後の手続きチェックリスト」

〈直後〜2週間以内〉

☐ **死亡届**（→P113）
- ■ いつまでに？：死亡の事実を知った日から7日以内
- ■ 誰が？：亡くなった人の家族など
- ■ どこに？：死亡した場所、死亡者の本籍地、届出人の住所地いずれかの市区町村
- ■ 必要なものは？
- ・死亡診断書または、死体検案書、印鑑
  （死亡診断書と死亡届は、1対の用紙になっている）

☐ **年金受給権者死亡届**（→P149）
- ■ いつまでに？：すみやかに
- ■ 誰が？：配偶者、同居家族など
- ■ どこに？：年金事務所、または年金相談センター
- ■ 必要なものは？
- ・亡くなった人の年金証書
- ・亡くなったことが証明できるもの（死亡診断書のコピー、死亡記載のある戸籍謄本、除住民票など）

☐ **国民健康保険資格喪失届**（→P142）
- ■ いつまでに？：亡くなってから14日以内
- ■ 誰が？：同居の家族や相続人
- ■ どこに？：住所地の市区町村の国民健康保険担当窓口
- ■ 必要なものは？
- ・世帯主と故人のマイナンバーカードまたは通知カード
- ・亡くなったことを証明するもの（死亡の記載のある戸籍謄本など。不要の場合あり）
- ・届出人の印鑑

■返却するものは？
・国民健康保険証（亡くなった人が世帯主の場合は世帯全員）
・介護保険証、高齢受給者証、後期高齢者医療保険証など

☐ 世帯主変更届 （→P135）

■いつまでに？：亡くなってから14日以内
■誰が？：新しい世帯主または同世帯の人。代理人の場合は委任状が必要
■どこに？：亡くなった人の市区町村
■必要なものは？
・届け出をする人の運転免許証、パスポートなど、写真付きの証明書
・印鑑
・国民健康保険被保険者証、国民健康保険高齢受給者証など（該当者のみ）

〈落ち着いてから〉

☐ 戸籍謄本取得 （→P175）

■誰が？：本人・配偶者・直系血族・代理人（要委任状）など
■どこに？：本籍がある（あった）市区町村（郵送可）
■必要なものは？
・申請書、身分証明書
・郵送の場合は定額小為替と切手を貼った返信用封筒
・代理の場合は委任状　など
※市区町村により、ほかの書類が必要になる場合あり

☐ 各種公共料金などの名義変更、携帯電話、インターネットなどの使用停止、クレジットカードの破棄（→P163）

使用料、年会費などが発生することもあるので、できるだけすみやかに行いたい

☐ 光熱費（電気・ガス・水道）・NHK受信料

■いつまでに？：すみやかに

■連絡先は？：電気、ガス、水道の契約先の電話やホームページ

■必要なものは？：領収書や検針票などに記載されている「お客様番号」がわかると手続きがスムーズ

☐ 携帯電話の承継や解約

■いつまでに？：すみやかに

■連絡先は？：電話会社の店舗

■必要なものは？

【承継の場合】相続関係を証明する書類、新しい契約者の本人確認書類など

【解約の場合】契約している人が死亡したことを証明できる書類、利用中の携帯電話、手続きする人の身分証明書など

☐ 固定電話の承継や解約

■いつまでに？：すみやかに

■連絡先は？：NTT東日本、NTT西日本など、電話会社の電話やホームページ

■必要なものは？

【承継の場合】加入権を持っている人が死亡したことを証明できる書類、新しい契約者の印鑑

【解約の場合】住居エリアによって変わるので、NTTのHPなどで確認する

- [ ] インターネットのプロバイダーの解約
  - ■いつまでに？：すみやかに
  - ■連絡先は？：契約先プロバイダーなど

- [ ] クレジットカードの解約
  - ■いつまでに？：できるだけすみやかに
  - ■連絡先は？：クレジットカード会社の電話やホームページ
  - ※具体的な方法はクレジット会社によって異なるので確認を。カードはハサミを入れて破棄する

- [ ] パスポートの返却
  - ■いつまでに？：できるだけすみやかに
  - ■連絡先は？：都道府県のパスポートの担当窓口
  - ■必要なものは？：パスポート、運転免許証、死亡を証明する書類（パスポートが有効期限内の場合）

- [ ] 運転免許証の返納
  - ■いつまでに？：できるだけすみやかに（返納手続きをしなくても更新しなければ自動的に失効。不正利用などされないよう要注意）
  - ■連絡先は？：最寄りの警察署か運転免許センター
  - ■必要なものは？：運転免許証、手続きする人の身分証明書、故人と手続きする人の関係を証明する書類、死亡を証明する書類

- [ ] **葬祭費・埋葬費**（→P144）
  - ■いつまでに？：死亡日から2年以内
  - ■誰が？：葬祭・埋葬を行った人
  - ■どこに？：亡くなった人の住所地の市区町村・協会けんぽ
  - ■必要なものは？
    - ・住民票

- ・亡くなった人の国民健康保険証・被保険者証
- ・葬儀を行ったことが証明できるもの（葬儀費用の領収書、礼状など）
- ・葬儀を行った人の印鑑
- ・葬儀を行った人の銀行口座がわかるもの

☐ **未支給年金・保険給付手続き**（→P150）

- ■いつまでに？：受給権者の年金の支払日の翌月の初日から5年
- ■誰が？：生計を同じくしていた遺族
- ■どこに？：国民年金は住所地の市区町村役場の年金担当窓口、厚生年金は年金事務所や年金相談センター
- ■必要なものは？
- ・亡くなった人の年金証書
- ・亡くなったことを証明するもの（死亡診断書のコピー、死亡の記載のある戸籍謄本、除住民票など）
- ・戸籍謄本などの亡くなった人と請求者の関係が確認できる書類
- ・住民票の写しなどの亡くなった人と生計を同じくしていたことがわかる書類
- ・受け取りを希望する金融機関の通帳の写し

〈必要に応じて〉

☐ **復氏届**（→P136）

- ■いつまでに？：期限なし
- ■誰が？：本人（配偶者を亡くした人）
- ■どこに？：本人の本籍地または住所地の市区町村役場
- ■必要なものは？
- ・戸籍謄本（結婚前の戸籍に戻るときは、実家の戸籍謄本）
- ・印鑑

☐ 姻族関係終了届 （→P140）

- ■いつまでに？：期限なし
- ■誰が？：亡くなった人の配偶者
- ■どこに？：本籍地または住所地の市区町村
- ■必要なものは？
- ・戸籍謄本
- ・印鑑

☐ 準確定申告 （→P159）

- ■いつまでに？：相続の開始があったことを知った日の翌日から4カ月以内
- ■誰が？：相続人
- ■どこに？：亡くなった人の住所地の税務署
- ■必要なものは？
- ・申告書（AまたはB）第一表、第二表、付表
- ・源泉徴収票
- ・医療費の領収書
- ・社会保険料や生命保険料、地震保険料の控除証明書
- ・青色申告または収支内訳書

☐ 自筆証書遺言の検認手続き （→P173）

- ■いつまでに？：申し立てから約1カ月後に家庭裁判所から相続人全員に検認の期日が郵送される
- ■誰が？：遺言書の保管者、遺言書を発見した相続人
- ■どこに？：亡くなった人の死亡時の住所地の家庭裁判所
- ■必要なものは？
- ・申立書
- ・亡くなった人との相続関係を証明する戸籍謄本、相続人全員の戸籍謄本
- ・手数料（収入印紙800円分、連絡用郵便切手など）

☐ 残高証明開示の依頼 (→P179)

- ■ 誰が？（依頼できる人）：相続人、遺言執行者、相続財産管理人、相続人の委任を受けた人など
- ■ どこに？：被相続人の口座がある金融機関
- ■ 必要なものは？
- ・相続権限者であることがわかる戸籍謄本・遺言書・審判書など
- ・相続人、遺言執行者、相続財産管理人など相続権限者の印鑑証明書
- ・依頼する人の実印
- ・1通ごとに数百円程度の費用がかかる

☐ 自動車の移転申請 (→P183)

- ■ 誰が？（提出できる人）：相続人など
- ■ どこに？：管轄の陸運局
- ■ 必要なものは？
- ・申請書
- ・住民票
- ・被相続人等の死亡の事実および相続人全員が確認できる戸籍謄本等
- ・車検証　など
- ・手数料500円（ナンバー変更なしの場合）

☐ 遺産分割調停 （→P189）

- ■いつまでに？：相続税が発生した日から10カ月以内
- ■誰が？：相続人、包括受遺者など
- ■どこに？：相手方のうち1人の住所地の家庭裁判所など
- ■必要なものは？
- ・相続関係を証する戸籍謄本
- ・相続人の住民票
- ・申立書　など
- ・収入印紙1,200円、郵便切手

☐ 相続税の申告 （→P192）　税理士に依頼するのが一般的

- ■いつまでに？：相続の開始があったことを知った日の翌日から10カ月以内（その日が土日祝にあたる場合はその翌日）
- ■誰が？：相続または遺言により財産を取得した人
- ■どこに？：亡くなった人の住所地の税務署
- ■必要なものは？
- ・亡くなった人のすべての相続人をあきらかにする戸籍の謄本
- ・遺言書または遺産分割協議書
- ・相続人全員の印鑑証明書（遺産分割協議書に押印したもの）
- ・マイナンバーカードまたは通知カードまたは住民票（マイナンバーが記載されているもの）
- ・亡くなった日現在の預金や株などの残高証明書
- ・亡くなった人の過去の通帳
- ・不動産の登記簿謄本、固定資産税評価証明書（亡くなった年の納税通知書でも可）、地積測量図など土地の形がわかるもの、住所や地図など所在地がわかるもの、貸している場合には賃貸借契約書
- ・亡くなった人が契約している保険証券、死亡保険の通知書
- ・亡くなった年とその前年の所得税の確定申告書
- ・その他財産の明細

- 借入金の金銭消費貸借契約書
- その他債務の領収書や請求書
- 葬儀費用の明細・領収書
- 相続人の職業、電話番号
  など

☐ 相続税の納付 （→P198）

- ■いつまでに？：相続の開始があったことを知った日の翌日から10カ月以内（その日が土日祝にあたる場合はその翌日）
- ■誰が？：相続税がかかる相続人
- ■どこに？：亡くなった人の住所地の税務署又は金融機関の窓口
- ■必要なものは？
- ・納付書（税務署で入手）

☐ 遺族年金受給申請 （→P155）

- ■いつまでに？：亡くなってから5年以内
- ■誰が？：亡くなった人の遺族
- ■どこに？：年金事務所や年金相談センター
- ■必要なものは？
- ・亡くなった人の年金手帳
- ・戸籍謄本
- ・世帯全員の住民票のコピー、亡くなった人の住民票の除票
- ・請求者の収入が確認できる書類（所得証明書など）など
  ※年収850万円以上の人は該当しない

あとがきにかえて ── むすこにたくす ──

「習うより慣れろ」──何かをやろうとするときは、まず自分で
やってみることです。

事前に本を読んだり、ネットで調べたりもしますが、何ごともま
ずは自分でやってみる。すると深く理解できるとともに、何が問題
になるかも自然にわかってきます。

そのため、わたしは実行を重視する人、本当の実践家をリスペク
トしています。専門家といわれる人でも、少し話をしたり、実際の
動き方などを見たりしていると、その人が実践家であるかどうか、
すぐに見分けがつきます。ほとんどは口だけ、というと失礼になる
かもしれませんが、その程度だと思えるのです。

しかし人生には習う時間もなく、どうすれば慣れるのか、そもそ
もどうすればよいのかもわからないときがあります。そして、そう
いう境遇になってはじめて理解できることがあります。

具体的には、親が亡くなるときです。

自分にとって2人の親、父と母。結婚していれば、配偶者の父
母、つまり義理の父と母もいますが、やはり血を分けて生まれた時
からともに生きてきてくれた実親です。親子はわかりあっているの
でしょうが、親の気持ちを本当に理解できていたかというと自信が
まったくなく、亡くなったときから理解がはじまるのだと知りまし
た。

そして、何かのきっかけでなにげなく親を思い出したときなどに

「実はそうだったのか」と納得し、理解できることが多くあります。もちろん、後悔することばかりなのですが。

「子を持ち親になれば、親の気持ちがわかる」といいますが、本当の意味で親のことを理解できるのは、親を見送ったあとなのかもしれません。

実は本書は、私自身が亡くなったとき種々のことが起こることを想定し、そのとき息子がどう対応すればよいのかをメモしたことからはじまっています。後々問題が起こらないように、また経済的な損失がないように、少しでも安全に着地できるように、安心できる手引きを残したい。そう思ったからです。世間ごとに気力や時間を取られすぎず、できればその時この世にいない私をより理解してくれるように……それが私から息子へのメッセージなのです。

本書の作成にご協力いただいた、ソニーフィナンシャルグループ広報のみなさま、東洋経済新報社の岡田光司さん、田中順子さん、税理士の馬場敦子さん、企画段階から伴走したライターの髙橋晴美さんに、感謝申し上げます。

2017年8月

井戸美枝

【著者紹介】
井戸美枝（いど　みえ）

CFP®、社会保険労務士。講演や執筆、テレビ・ラジオ出演などを通じ、生活に身近な経済問題をはじめ、年金・社会保障問題を専門とする。
社会保障審議会企業年金部会委員、確定拠出年金の運用に関する専門委員会委員。
経済エッセイストとしても活動。「難しいことでもわかりやすく」をモットーに、数々の雑誌や新聞に連載をもつ。近著に『なぜ、お金の貯まる人は「家計簿」を大切にしているのか──マネー・ダイエット超入門』（東洋経済新報社）、『知ってトクする！年金の疑問71』（集英社）、『ズボラな人のための確定拠出年金入門』（プレジデント社）、『定年男子 定年女子──45歳から始める「金持ち老後」入門！』（共著、日経BP社）などがある。

身近な人が元気なうちに話しておきたい　お金のこと　介護のこと
2017 年 10 月 5 日発行

著　者──井戸美枝
発行者──山縣裕一郎
発行所──東洋経済新報社
　　　　　〒 103-8345　東京都中央区日本橋本石町 1-2-1
　　　　　電話＝東洋経済コールセンター　03(5605)7021
　　　　　http://toyokeizai.net/

ブックデザイン……小口翔平＋岩永香穂(tobufune)
イラスト……………坂木浩子
ＤＴＰ………………アイランドコレクション
編集協力……………高橋晴美／田中順子
印刷・製本…………廣済堂
編集担当……………岡田光司
©2017 Ido Mie　　Printed in Japan　　ISBN 978-4-492-04615-9

　本書のコピー、スキャン、デジタル化等の無断複製は、著作権法上での例外である私的利用を除き禁じられています。本書を代行業者等の第三者に依頼してコピー、スキャンやデジタル化することは、たとえ個人や家庭内での利用であっても一切認められておりません。
　落丁・乱丁本はお取替えいたします。